운명을
바꾼
대화

상처를 치유하고 타고난 운을 바꾸는 시간
운명을 바꾼 대화

초판 발행 2022년 9월 29일

지은이 오리온
펴낸곳 다른상상
출판등록 제399-2018-000014호
전화 02)3661-5964
팩스 02)6008-5964
전자우편 darunsangsang@naver.com

ISBN 979-11-90312-70-7(03190)

독자 여러분의 책에 관한 아이디어나 원고 투고를 설레는 마음으로 기다리고 있습니다.
이메일로 간단한 개요와 취지, 연락처를 보내주세요. 독자님과 함께하겠습니다.

상처를 치유하고

타고난 운을

바꾸는 시간

운명을 바꾼 대화

오리온 지음

다른상상

"저는 제가 어디로 가고 있는 건지, 잘하고 있는 건지 문득 불안할 때가 있어요. 해야 할 일이 늘 쌓여 있고 분명 바쁘게, 열심히 하루하루를 살고 있는데, 사랑하는 사람들과도 함께 있기만 할 뿐 정작 함께하지 못하는 느낌이에요. 저는 외로워요. 하루 동안 저를 다 소모해버리는 느낌이에요. 제 손에서 전부 빠져나가기만 하고 모이는 건 없는 것 같아요. 다들 이렇게 사는 걸까요? 제가 진짜 원하는 게 무엇인지도 모르겠고, 꼭 안개 속을 걷는 것 같아요."

왜 우리는 하나로 연결되지 못하고 외로울까요?
왜 안개 속을 걷는 것처럼 잘 모르겠는 걸까요?

당신은 지금 원하는 삶을 살고 있나요? 바쁜 오늘을 겨우 버텨가며 행복을 내일로 미루진 않았나요? 사는 데 지장 없으니까, 이 정도면 괜찮다고 생각하지는 않았나요? 오늘을 희생하며 내일의 무언가를 얻는다면, 당신의 목마름은 없어질까요? 힘들게 노력해 봤자 소용없다고 생각하는 건 아닌가요?

만약 당신이 부족하고 모자란 사람이어서 실패하는 게 아니라면, 그동안의 노력이 문제의 근본 원인에 접근하지 못해서 효과를 발휘하지 못한 것이라면 어떨까요? 당신의 두 발이 공중에 붕 떠 있고 안개 속을 헤매는 것 같은 느낌이 드는 이유는, '나'를 이루고 있는 많은 시스템이 모두 흩어져서 그렇습니다. 끊어지고 흩어지고 연결되지 않아서요. 하지만 우린 자기 안의 많은 것이 끊어져 있다는 사실을 모르지요.

왜 끊어지고 흩어진 걸까요? 과거의 상처가 치유되지 못한 채 깊은 곳에 방치되어서 그렇습니다. 또다시 상처 입고 실패하지 않기 위해 세상으로부터 '나'를 차단하거든요. 자신을 지키기 위해 스스로 만들어낸 벽이 안개처럼 눈을 가리고 있으니 중심을 잡지 못하고 붕 떠 있을 수밖에요. 상처를 치유하면 괜찮아질까요? 수많은 상처가 있는데 무엇부터, 어디부터 시작해야 할까요?

상처들의 시작점부터 봐야겠지요. '나'라는 사람의 시작점에서 자신도 모르게 생긴 상처들의 뿌리, 이것을 저는 '뿌리 상처'라고 부릅니다. 우리의 뿌리 상처엔 부모님(주 양육자)이 존재하지요. 상처가 없는 완벽한 양육 환경과 완벽한 부모는 없기 때문에, 우리 모두의 내면엔 뿌리 상처가 존재해요. 그런데 뿌리 상처엔 독특한 특징이 있습니다. 어떤 특징일까요? 그건 바로 지금의 '내 눈'으로는 발견하기가 어렵다는 것입니다.

'뿌리 상처라니? 난 그런 거 없는데. 물론 내가 엄청나게 유복하고 아무 문제없는 가정에서 자란 건 아니지만, 그래도 뭐 나 정도면 지극히 정상이지.'

흔히들 이렇게 생각하기 쉽습니다. 그러나 뿌리 상처는 없어서 발견되지 않는 게 아니라, 눈에 보이지 않는 깊은 곳에 있어 지금의 '내 눈'으로는 발견할 수 없는 겁니다. 과거의 어린 당신에게 부모는 전부였어요. 그런 부모가 주는 상처이기 때문에 이 상처를 치유해줄 사람도 옆에 있질 않았습니다. 자신이 왜 아픈 건지도 잘 모른 채 혼자 덩그러니… 상처받아 울고 있는 어린 당신. 오늘과 내일을 살기 위해서 최대한 자신이 느낄 수 없고 알 수 없는 깊은 곳에 상처를 묻고 문을 닫습니다. 이건 계산이 아닌 살기 위해 자신도 모르게 행하는 과정이에요. 그렇기 때문에 의식 세계 활동으로는 이 상처를 찾기가 어렵습니다.

나이만큼 오래된 뿌리 상처는 어떤 작용을 할까요? 뿌리 상처는 당신에게 언제 또 상처받을지 모른다고 조용히 속삭입니다. 당신은 벽을 세우고 경계하며 익숙한 곳에서 안전하게 있지요. 연결이 끊어진 당신은 겉돌고 외롭습니다. 근본 원인을 알기 위해 깊숙이 다가갈 수 없어요. 당신의 무의식 세계엔 더 많은 상처가 방치됩니다. 의식 세계의 당신은 고군분투하지만 근본적 해결이 되질 않으니 문제가 반복돼요. 하지만 고통이 올라와도 애써 누르며 외면합니다. 또 실패하고 상처받을까 두려워서요.

이제 그만, '나'를 사랑하세요.

왜 당신은 완벽해야 하나요? 무엇을 이뤄야만 행복해지는 게 아니에요. 실수가 당신에게 상처를 줄 수는 있지만, 당신을 실패자로 만드는 것은 아닙니다. 부족한 어제의 후회, 내일 해내야 하는 목표들이 강해질수록 의식 세계 활동은 솟구칩니다. 기우는 시소처럼 무의식 세계로 갈 수 있는 에너지는 줄어들어요. 내면을 마주하는 건 의지와 머리만으로 되는 게 아닙니다. 당신이 먼저 따뜻하게 자신을 바라봐야 하지요. 당신은 건강할 수 있고, 행복할 수 있고, 성공할 수 있고, 무엇보다 '사랑받을 수 있는 사람'이란 걸 받아들여 보세요. 내면으로 들어가서 매캐한 연기처럼 당신을 가득 채우고 있는 무언가를 비워내세요. 빈 공간을 만들어 당신이 잠시 쉬며 자신을 돌볼 수 있는 자리를 만들어보세요.

자기 안에 묻어둔 뿌리 상처를 직면하고 비워내는 것만으로도 많은 것과 화해할 수 있습니다. 그리고 이 과정은 우리에게 엄청난 힘을 줍니다. 뿌리 상처와 비슷한 결의 현실 문제를 끊임없이 재생산하던 악순환의 고리를 끊게 됩니다. 어렵고 불가능한 일이 아닙니다. 한 번도 해보지 않은 일일 뿐입니다. 당신이 겪고 있는 그 외로움의 소용돌이 한가운데에서도 당신은 스스로 밝게 빛날 수 있고, 자신을 치유하는 힘을 회복할 수 있습니다. 당신이 이 땅에 태어난 순간, 우주는 생명과 모든 것이 가능한 힘도 함께 주었기 때문입니다. 당신이 뿌리 상처로부터 자유로워지면 뭐든지 가능해집니다. 바로 모든 것이 가능한 당신 내면의 문을 여는 순간입니다.

이 책을 통해 여러분은 자연스레 자신의 뿌리 상처를 대면하게 될 겁니다. 그리고 책에 등장하는 인물들의 치유와 성장 과정을 지켜보며 그들과 함께 스스로를 치유할 수 있습니다.

당신만이 할 수 있습니다.
모든 것이 가능한 당신만의 문을 여세요.

임인년 기유일에

오리온

사랑하는 나의 친구 S.H와 H.B에게 이 글을 바칩니다.

차례

2부 긍정 에너지로 운을 끌어당긴다

3부 인생의 주인공이 되어 스스로 선택하라

4부 과거와 화해해야 나아갈 수 있다

5부 진정한 '나'를 되찾으면 생기는 일들

"선생님, 그동안 잘 지내셨어요? 곧 저희 복덩이 생일이에요. 우리가 아기를 가질 수 있을지 고민하던 날들이 엊그제 같은데, 어느새 아기가 이렇게 건강히 잘 자랐네요. 참 감사합니다."

외출 준비를 하는데 휴대폰으로 메시지가 왔다. 몇 년 전에 상담한 내담자였다. 곧 벨이 울렸다. 반가운 마음으로 전화를 받았다. 그런데 그녀의 목소리에서 어쩐지 불안이 느껴졌다.

"요즘 선생님 생각이 많이 났어요. 아기만 가지면 세상 부러울 것 없이 행복할 줄 알았는데, 막상 아이를 낳으니 또 다른 문제가 산더미네요."

흔히 '운명運命'을 예측할 때 사용하는 '사주四柱'*에 따르면, 그녀는 아이를 갖기 어려운 사람이었다. 그러나 그녀는 상담 직후 자

* 사람이 태어난 연월일시를 근거로 사람의 길흉화복을 알아보는 점. 혹은 사람의 생년월일에 해당 연도의 운세(세운歲運)를 더해 길흉관계를 예측하는 점.

연 임신을 했다. 그런데 산더미 같은 문제라니, 어려운 무언가에 속수무책으로 둘러싸여 있다는 말 같았다.

"선생님 글도 열심히 읽어요. 읽을 땐 알겠어요. 하지만 허겁지겁 직장에서 퇴근해 아들을 돌보다 보면 저도 모르게 사소한 일로 아이에게 화를 내요. 그렇게 소리칠 일이 아니란 걸 알아요. 잠든 아들의 조그만 발가락을 보면 미안해서 눈물이 나거든요. 하지만 막상 그 상황이 닥치면 아는 게 전혀 적용이 되지 않아요. 일도 육아도 제대로 하는 게 없어요."

"제대로 하는 게 없다니요. 지쳐서 그래요. 지금의 문제는 방금 생긴 것 같지만 사실 과거에서 시작되는 거지요. 일상의 작은 부대낌 하나하나가 쌓여 목구멍까지 찰랑찰랑 차 있는 거예요. 그러니 한 방울만 떨어져도 왈칵 넘치지요. 그렇게 찰랑찰랑하지 않도록 자꾸 비워내면 돼요."

그녀는 임신이 기적 같다고 했다. 어려워 보이던 일을 너무도 쉽게 이뤄낸 장본인이다. 당시 나는 그녀에게 아무것도 해준 것이 없다. 그저 밖을 바라보던 시선을 내면으로 돌리라고 했을 뿐이다. 눈물이 그렁그렁한 눈으로 나를 보던 그녀의 눈빛이 아직도 생생하다. 그녀는 자신에 대한 믿음으로 마음을 열어 운運의 흐름을 바꾸었고, 타고난 명命을 이겨냈다. 그러나 지금 그녀는 예전으로 돌아가 있었다.

"선생님, 내 안을 비우려면 어떻게 해야 하나요? 방법을 모르겠어요."

"당신은 이미 방법을 잘 알고 있어요. 많은 글을 읽으며 공부한다고 했잖아요. 머리는 이미 알고 있어요. 마음이 준비되지 않았을 뿐이에요. 문제 하나를 해결하면 새로운 문제가 불거지니까, 그 많은 상황에 어떻게 대처해야 할지 막막한 겁니다. 당신 안에 쌓여 있는 것이 진짜 원인이라는 것을 알 테니 마음을 내려놓아 봐요. 상황을 담담히 바라보세요."

살다 보면 크고 작은 고통을 느낀다. 고통스럽다는 건 바꿔 말하면 아프지 않고 행복하고 싶다는 소리다. 누구나 행복을 원한다. 행복으로 가는 근본적인 원리는 어디서나, 누구에게나 같다. 그런데 왜 결과가 다를까. 노력하는 과정에서 그 방법이 좋은 것이라면 누구나 행복해야 하는 것 아닌가?

"마음을 내려놓아야 한다는 건 알지만 잘 안 돼요. 저는 선생님처럼 무언가를 깨달은 사람이 아니에요. 뭔가 새로운 방법을 시도해야 하나 봐요."

근본과 진리는 변하지 않는다. 행복의 진리는 모두에게 똑같이 적용된다. 그렇다면 그녀는 왜 내려놓고 담담히 바라보는 것이 마음처럼 안 될까? 내가 그녀에게 해줄 수 있는 것은 무엇일까?

행복이라는 '목적'과 그것을 이루는 '방법' 사이에 우리가 놓치고 있는 무언가가 있다. 목적과 방법 사이의 공백을 밝힐 수 있다면, 누구나 일상에서 행복하게 살 수 있을 텐데. 이 공백이 무엇이기에 행복할 수 없는 걸까?

"흠. 자신의 이야기, 과거를 하나씩 꺼내면서 비워보면 어때요? 집 근처의 상담 센터를 매주 다녀보세요."

"상담을요? 저의 유일한 여유 시간은 아이가 잠든 늦은 밤인데요? 그리고 매주 상담료를 지불할 수 있을지도 모르겠어요. 큰 집으로 이사해서 월세 내기도 버겁거든요. 모두 훌륭한 전문가이겠지만, 모르는 사람에게 나의 이야기를 꺼내는 게 제겐 쉬운 일이 아니에요. 게다가 이미 지난 일을 말한다고 달라질 게 있을까요? 제가 기억을 못 하는 것도 아닌데요."

"자신의 과거를 메모리 형태로 기억하는 것과 입 밖으로 꺼내는 것은 달라요. 우리가 기억하는 과거 상처는 온전한 기억이 아니거든요. 살기 위해서 고통스러운 부분은 오려내고 보이지 않도록 잘 접어둔 것들이랍니다. 이걸 다 끄집어내야 자유로워져요."

불과 몇 년 전만 해도 나는 아기를 업은 채 베란다에 서서 '여기서 뛰어내리면 죽겠지' 생각하며 괴로워 울었다. 나는 평범한 사람이다. 그런데 난 지금 행복하다. 어떤 사람이 되거나 무엇을 성취해서 얻은 행복이 아니다. 난 내가 어떻게 행복해졌는지 기억을 더듬었다.

그때 블로그에 눈물을 흘리며 나의 고통스러웠던 과거를 하나하나 적고 있는 내가 보였다. 아, 말이 아니면 글로 쓰면 되겠구나! 그런데 내 안에 쌓인 구정물을 비워낼 수 있다면, 정말 누구나 행복해질까?

"그럼 조용히 쉬는 시간에 언제든지 방문해서 이야기할 수 있는 곳을 만들어볼게요. 당신은 울고 있군요. 지금은 힘들겠지만 괜찮을 거예요. 모든 것이 남 탓이라고 말하는 사람에겐 시간이 필요하지요. 그러나 자신을 바라보는 사람에겐 엄청난 힘이 있어요. 자신을 들여다본다는 건 대단한 거예요. 당신은 부족한 사람이 아니에요. 우리가 다시 연락할 때까지 따뜻한 사랑을 자신에게 주길 바라요. 다시 한번 자신을 믿어봐요."

나는 전화를 끊고 약속 장소로 이동하기 위해 집을 나섰다. 운전을 하는 동안 내가 행복해진 과정을 좀 더 깊이 돌아보고 정리해서 사람들과 공유해야 할 것 같단 생각을 했다. 어떻게 하면 우리가 '참 행복'으로 가는 길을 함께 걸을 수 있을까? 행복이라는 목적과 그것을 이룰 방법 사이의 공백은 어떻게 채울 수 있을까?

그때 라디오에서 낯익은 노래가 흘러나왔다. 지방의 낡은 노래방에서 친구들과 신나게 부른 노래였다. 반가운 마음에 볼륨을 키우고 노래를 흥얼거리다 보니 우회전해야 할 곳을 지나쳐버렸다. 유턴을 하려고 신호를 기다리며 주변을 살피는데, 내가 있는 곳이 낯설지가 않았다. 이곳은 친구와 마지막 식사를 했던 식당 앞 사거리였다. 15년 전, 친구와 나는 지금 라디오에서 흘러나오는 노래를 노래방에서 함께 불렀다.

우연이겠지? 마치 이 노래가 나를 그 친구와 함께했던 식당 앞으로 인도한 것 같았다. 노래는 잊고 있던 친구의 마지막 모습을 생생히 떠올리게 했다. 그때 전화벨이 울렸다. 오늘 점심 식사를 하기로 한 선배였다. 친구와 선배, 문득 그 둘이 닮았다는 생각이 뇌리를 스쳤다.

"나 일찍 도착했는데 추워서 식당에 들어와 있어. 너 어디니? 거의 다 왔구나. 그럼 내가 새해 기념으로 맛있는 거 알아서 주문해놓을게."

웃으며 전화를 끊었다. 대학교 과 선배인 그녀는 남자 선배들 사이에서도 주눅 들지 않고 늘 자신의 의사를 분명히 표현했다. 특이하게도 그녀는 공대를 졸업하곤 사법고시를 준비해 변호사가 되었다. 목표를 정하면 전쟁터에 나가는 장부처럼 돌진하는 사람이었다. 한동안 연락이 뜸했는데, 얼마 전 전화가 왔다. 드디어 자신이 꿈꾸던 로펌을 차렸다며 대표이사께서 친히 밥 한번 사줄 테니 만나자고 했다. 여전히 유쾌한 사람이었다. 전화기 너머로 들리는 선배의 목소리에 미소를 짓던 중 좌회전 신호가 켜졌다. 앞차를 따라 유턴을 하는데 그 식당이 다시 눈에 들어왔다.

"네가 먹고 싶은 거 먹자."

친구는 식사 메뉴를 정할 때마다 늘 내가 먹고 싶은 것으로 먹자고 했다. 나는 싹싹 비운 접시를 보고서야 친구가 좋아하는 음식이 무엇인지 알 수 있었다. 친구는 중소기업에서 홍보 관련 일을 했는데, 내성적인 탓에 많은 사람을 대해야 하는 홍보 일을 버거워하는 것 같았다. 하지만 친구는 늘 옆 사람을 배려하고 잘 웃는 사람이었다. 아마 직장의 누구도 친구가 자신의 일을 버거워하는 줄 몰랐을 것이다. 자신이 암에 걸렸다는 사실을 알고도 하던 일을 끝내주면 안 되냐는 부탁을 거절하지 못하고 출근할 정도로 착했으니 말이다. 젊은 나이에 걸린 암의 진행 속도는 걷잡을 수 없이 빨랐다. 친구는 수술을 하고도 너무 급히 세상을 떠났다.

아무리 봐도 선배와 친구는 닮은 점이 없어 보이는데 왜 난 그 둘이 비슷하다고 생각했을까. 어느새 내비게이션이 도착을 알렸다. 나는 식당 앞에 주차를 하고 서둘러 차에서 내렸다.

이상했다. 식당 안 여기저기를 아무리 둘러봐도 선배가 보이질 않았다. 그때였다.

"리온아, 오랜만이다. 반갑다, 반가워. 그런데 너 방부제 먹니? 어쩜 얼굴이 더 좋아졌네."

유쾌한 선배의 목소리였다. 반가운 마음에 뒤돌아보니, 웬 낯선 여자가 서 있었다.

"어어… 선배? 반가워요. 잘 지냈어요?"

내 입으로 인사를 했지만 정말 이 여자가 내가 알던 사람인가 싶을 만큼 선배를 알아볼 수 없었다. 우린 근사한 레스토랑 창가 자리에 앉았다. 선배는 특유의 호탕한 웃음으로 공간을 가득 채우며 이야기를 시작했다. 하지만 난 그녀의 이야기에 집중할 수가 없었다.

'도대체 선배의 어디가 바뀐 거지? 눈, 코, 입 모두 그대로인데 왜 알아보기가 힘들지?'

마주 앉아 뚫어져라 보면서도 선배를 알아볼 수가 없었다. 정말 이상한 일이었다. 그때 선배의 입에서 튀어나온 단어 하나가 귀에 꽂혀 들어왔다.

"나 아무래도 암인 것 같아."

"네? 암이라고요?"

"아니, 그런 것 같다고. 우리 남편은 걱정하지 말라던데, 그 인간이 원래 그렇잖니. 남 일에 통 관심이 없잖아. 영혼 없이 말하는데 얼마나 밉던지."

이곳으로 오던 길에 마주했던 우연이 떠올랐다. 십수 년 전 친구와 노래방에서 불렀던 추억의 노래는 나를 그 친구와 마지막으로 식사했던 식당 앞 사거리로 인도했다. 귀에 들리는 라디오의 노래는 건강했던 어린 내 친구와의 즐거운 기억인데, 자동차 창문 너머로 보이던 식당은 암으로 죽어가던 그 친구와의 슬픈 기억이었다. 오묘한 기분이었다. 선배가 암이라는 단어를 말하는 순간, 여러 기억이 떠오르며 기쁨과 슬픔의 감정이 뒤엉켰다. 이 혼란스러운 감정의 이면엔 무엇이 있는 걸까? 그때 오늘의 일들이 무언가 하나로 연결되어 있다는 느낌이 들었다.

모든 것엔 이유가 있다. 그것이 무엇일까?

1부

나를 발견하는 일

바뀌지 않는 운명은 없다

"나 정초에 점 봤잖아."

선배는 대뜸 이렇게 말했다.

"리온아, 너 정 변호사 알지? 그 친구가 토정비결 본다기에 재미 삼아 따라갔는데, 글쎄 점쟁이 말이 내가 올해를 넘기지 못하고 죽을 거래. 그런데 며칠 후 건강 검진 결과가 나왔는데, 큰 병원 가서 정밀 검사를 추가로 받으라는 거야. 생각 없이 점을 봤지만, 점쟁이 말 때문에 그런지 암인 것 같다는 생각이 떠나질 않더라고. 여하튼 그랬어."

선배는 자기가 죽을지도 모른다는 말을 마치 남 이야기하듯이 태연하게 했다. 선배는 팔짱을 끼며 계속 이야기를 이어갔다.

"내가 몇 달 안에 죽을 거라는데, 믿기지가 않아서 그런가? 난 왜 이렇게 아쉽지가 않니. 너도 알다시피 난 가난이 정말 싫었거든. 돈을 아주 많이 벌어서 보란 듯이 잘 살고 싶었지. 공부하고 일하고, 열심히 달려왔는데 갑자기 나보고 죽는다니까 뭐랄까, 내가 지금까지 뭘 위해 열심히 산 건지, 뭘 하고 살았는지 잘 모르겠더라. 로펌을 차린 것도 내 평생의 목표였는데, 대출도 힘들게 받고 꾸역꾸역 해내니까 오히려 허무한 거 있지. 하긴, 다들 이렇게 살다 가는 거지 뭐. 안 그래?"

선배는 슬퍼 보였다. 늘 밝게 웃던 그녀의 낯선 모습이었다.

"내가 죽을 운명이라니. 난 온종일 사람들에 둘러싸여서 정말 바빴는데, 정작 중요한 순간에 아무도 옆에 없다는 생각이 들면서 외롭더라. 내 운명은 원래 이렇게 정해진 거니? 넌 운명학을 공부했으니 잘 알잖아."

외롭다는 말에서 처음으로 선배의 눈동자가 흔들렸다. 그때 나의 마음 한구석이 뭉클하며 움직였다. 왠지 모르게 선배에게 친구의 이야기를 해야 할 것 같다는 느낌이 들었다. 죽을지도 모른다고 생각하는 선배에게 암으로 죽은 친구 이야기를 하면 안 된다는 걸 알지만, 오늘의 우연에 무언가 이유가 있는 것 같았다. 난 뭐에 홀린 것처럼 말을 하기 시작했다.

"선배, 제가 여기 오는 도중에 길을 잘못 들어 어떤 사거리를 거쳐 왔어요. 그런데 그곳이 제가 친구와 마지막으로 밥을 먹은 식당 앞인 거예요. 정말 아이처럼 해맑고 착한 친구였어요, 난 그 아이를 정말 사랑했어요.

그런 친구가 어느 날 난소암에 걸렸다는 거예요. 그때 난 출산을 막 한 직후였어요. 선배도 알다시피 그때 난 잠을 못 자는 아기를 돌보느라 산후 조리를 못 해서 많이 아팠거든요. 친구가 걱정되긴 했지만 챙길 겨를이 없었어요. 뒤늦게 연락을 했더니 항암 치료를 마치고 쉬는 중이라더군요. 약속을 겨우 잡아서 함께 밥을 먹기 위해 아까 우연히 마주쳤던 그 식당으로 갔어요. 친구가 분홍색 털모자를 쓰고 나왔는데 얼마나 예뻤는지 몰라요. 환하게 웃는 얼굴이 환자라고 느껴지지 않았지요.

그런데 택시에서 나오는 친구의 배가 불룩했어요. 마치 만삭의 임신부처럼요. 친구는 아이를 참 좋아해서 그토록 아이를 낳고 싶어 했는데, 정작 그녀의 뱃속엔 아이 대신 암 덩어리와 복수가 가득 차 있다는 게 믿기지 않았어요. 화장을 곱게 한 친구는 정말이지 모두의 축복을 받는 만삭의 예비 엄마 같았거든요. 친구가 아프다는 게 현실 같지 않고 꿈을 꾸는 것 같았어요. 우린 한참을 같이 웃고 떠들며 맛있게 밥을 먹었어요.

그게 그 친구와 마지막으로 먹은 밥이었어요. 얼마 지나지 않아 친구가 죽었다는 소식을 들었거든요. 도저히 믿기지가 않아 울면서 장례식장에 갔어요. 친구의 영정 앞에 절을 하고, 위로의 말을 전하려고 어머니께 다가갔어요. 그런데요 선배, 친구의 어머니가 내게 한 말은 충격이었어요.

'자식이라고 다 같은 게 아니에요. (친구의 여동생으로 보이는 여자분을 흘겨보면서) 저런 건 자식이라고 있어도 소용없다고요. 아휴, 이제 나는 어떻게 해요. 병원비도 얼마나 많이 들었는지 몰라요.'

그렇게 말하는 어머니의 뒤편으로 친구의 영정 사진이 보였어요. 순간 가슴이 철렁 내려앉으면서 할 말을 잃었어요. 사진 속의 친구는 저렇게 예쁘게 웃고 있는데 어머니가 한 말은 어린 나이에 죽은 가엾은 딸이 아닌, 자신의 처지를 슬퍼하는 것이었어요."

죽은 친구의 고왔던 마지막 모습을 생각하니 목소리가 떨렸다. 선배는 셔츠를 연신 쓸어내리며 자세를 고쳐 앉기를 반복했다. 보이지는 않았지만 왠지 선배의 눈에 눈물이 고인 것 같았다.

"난 그 어머니의 말을 듣고 이런 생각을 했어요. '친구는 자기의 속마음을 터놓을 사람이 없었겠구나.' 그때 생각났어요. 친구가 이혼했다는 것도 친구의 직장 인사팀 사람에게 우연히 들어서 알게 되었단 걸요. 자신의 속 이야기를 터놓고 말할 사람이 한 명만 있었어도 그렇게 되진 않았을 거란 생각에 이르자 난 너무 괴로웠어요."

선배는 고개를 떨구었다. 손으로 얼굴을 가리는 그녀의 어깨가 들썩였다. 선배는 울고 있었다. 나는 말없이 그녀의 손을 잡았다. 눈물이 묻은 선배의 손은 따뜻했다.

"난 죽고 싶지 않아. 나 무서워. 진짜 암이면 어떡하지? 우리 아들은 어떡해."

가슴이 아팠다. 선배는 무섭고 외로웠을 것이다. 자신이 아프다는 이야기를 남의 일인 양 태연하게 말했지만 그녀는 괜찮지 않았다. 너무 두려워서 자신의 감정을 외면하고 싶었던 것이다. 선배에게도 내 친구처럼 누구에게도 말하지 못한 이야기가 있을 거란 생각이 들었다.

"선배는 무섭고 두려웠군요. 하지만 선배, 죽을 운명이라니, 그런 건 없어요. 제가 배운 육임六壬*이라는 운명학에선 타고난 것을 후천적인 노력으로 극복할 수 있다고 하거든요. 누구나 다 건강하고 행복할 수 있어요."

선배는 내 손을 뿌리치듯이 빼내어 뺨의 눈물을 닦았다. 그러곤 화가 난 듯 말을 쏟아냈다.

"야, 말은 바로 해라. 누구나 건강하고 행복할 수 있다니. 그럼 내가 나 자신을 이렇게 아프고 불행하게 만들었다는 거야? 물론

* 중국 황제의 국학國學으로 인정된 학문으로 약 2000년 전 성립되었다. 십이신의 천반과 지반의 방위와의 배합 관계로 4과 3전을 이용해 시공간의 흐름과 사람의 길흉화복을 살핀다. 태을太乙(천문), 기문奇門(지리)과 함께 삼식三式 중 하나로 인사점단의 최고 경지로 불린다. 육임을 알게 되면 하늘의 뜻과 삼라만상의 모든 변화를 읽을 수 있다고 믿었으며, 대표적인 육임의 대가로 삼국지의 제갈공명과 유방을 도와 한나라를 세운 장량이 있다.

세상에 행복한 사람이 있기야 하겠지. 하지만 솔직히 진짜 행복하게 사는 사람이 어디 있겠니. 세상에 죽지 않는 사람 있니? 죽으면 다 똑같은 거잖아."

나는 나의 마음과 확신을 담아 그녀의 두 눈을 응시하며 말했다.

"선배, 난 정말 행복해요. 내 눈을 봐요. 나는 태어난 이래 지금이 가장 행복하거든요. 그런데 선배는 행복은 남의 것이지 결코 내 것은 될 수 없다고 생각하고 있네요. 저는 자신 있게 말할 수 있어요. 선배는 이미 행복한 사람이에요. 선배가 아직 그걸 모를 뿐이에요."

순간 선배의 눈이 토끼눈처럼 동그래졌다. 선배는 내가 결혼 후 오랜 시간 몸이 많이 아팠다는 것도, 이혼을 하고 남편 없이 혼자 아이를 키우는 것도 알고 있었다. 안쓰러운 후배를 위로해주려고 했는데 지금이 가장 행복하다니?

선배는 눈을 가느다랗게 뜨고 입술을 다물더니 내 눈을 뚫어지게 바라보았다. 자기 내면의 거짓말 탐지기를 작동시키는 듯 사뭇 진지해 보였다. 그런 선배의 표정이 귀엽다는 생각이 들자, 나도 모르게 미소가 지어졌다.

"선배, 누구나 행복하게 살고 싶어요. 노력해도 안 되니까 포기할 뿐이에요. 우리 모두는 행복이란 목적을 가지고 있어요. 그리고 그 목적을 이룰 좋은 방법은 많고요. 우린 성공하고 행복해진 사람들이 알려주는 많은 이야기를 책이나 인터넷에서 쉽게 접할 수 있잖아요. 그런데 왜 누군가는 똑같은 방법으로 노력해도 잘 안 될까요? 왜 자꾸 포기하게 될까요?"

어느새 나는 아침에 내담자와 전화로 나누었던 말을 선배에게도 반복하고 있었다. 상담을 했던 많은 이의 고민들도 이와 다르지 않았다. 선배에게 질문을 던지는 와중에도 나는 아직 답을 찾고 있었지만, 이상하게도 내 안에 이미 존재하는 답을 향해 가는 느낌이었다.

"당연한 거 아냐? 우린 개미니까. 천적 하나 없는 호랑이가 자신이 툭툭 해낸 방법을 가르쳐준다 한들 개미가 그걸 어떻게 이루니? 하아… 그러고 보니 나는 개미처럼 살고 있구나."

개미와 호랑이라. 개미는 호랑이가 부러울지 모른다. 왜 부러울까? 개미의 인생 안엔 나름의 행복이 있다. 그런데 문득 이런 질문이 떠올랐다. 개미는 영원히 개미로만 살아야 하는가? 그때 부족한 사주로 태어났지만 후천적 노력으로 잘 사는 사람들이 떠올랐다.

"선배 말은 맞기도 하고 아닌 면도 있어요. 세상 모두가 공평하게 태어나진 않았지요. 맞아요. 호랑이는 개미에 비해서 같은 일을 성취하기가 상대적으로 쉬울 거예요. 타고난 게 다르니까요."

"그래. 내 말이 그 말이야. 네가 행복하다고 해서, 네 방법대로 내가 산다 한들, 내 인생이 그렇게 호락호락하지 않다니까. 너는 내가 아니잖아."

'내 인생이 호락호락하지가 않다?' 선배의 진한 상처가 느껴졌다. 선배는 누구보다 행복하고 싶고, 그녀는 많이 노력했을 것이다. 그러나 아무리 발버둥 쳐도 여전히 제자리라면? '난 개미와 같은 인생을 살고 있구나, 내가 부족해서 안 되나 보다'라고 생각할 것이다. 이 생각 때문에 충분히 가능한 일에 집중하지 못하는 게 아닐까. 과거 상처가 많아서 말이다. 목구멍까지 찰랑찰랑하게 차 있으니, 또 실패할까 두려운 것이다.

행복이라는 목적과 방법 사이의 공백이 무엇인지 조금 알 것 같았다.

"개미와 호랑이의 타고남이 다르다는 것만 보면 그렇지요. 하지만 우리 모두가 놓치고 있는 게 있어요. 대부분의 사람에겐 행복하고 싶은 목적과 그 목적을 이룰 방법 사이에 공백이 있거든요."

순간 우리 사이엔 정적이 흘렀다. 선배는 나를 빤히 보며 말했다.

"놓치는 게 있다니? 처음 듣는 말이네. 목적과 방법 사이에 뭐가 있다고?"

"선배의 말처럼 저는 흔히 사주라 일컫는 운명학을 공부했어요. 열심히 산 제 인생이 왜 이렇게 꼬인 건지 직접 들여다보고 싶었거든요. 그렇게 제 자신과 사람들의 운명을 보다가 어떤 공통점을 발견했어요. 사주가 좋지 않은데도 성공하고 행복하게 사는 사람들이 있다는 것을요."

그동안 만났던 수많은 사람의 삶이 머릿속으로 주마등처럼 스쳐 지나갔다. 후천적인 노력으로 운명을 바꾼 이들의 공통점이 떠올랐다.

"선배, 그들이 어떻게 부족한 사주로 태어났는데도 잘 살 수 있는지 아세요? 그것은 그들이 타고난 것을 극복할 수 있는 법을 터득했기 때문이에요. 호랑이는 타고난 게 좋아서 자연스레 목적을 이루기도 하지만, 개미는 같은 방법을 사용해도 목적으로 가는 길의 공백을 채워야 하거든요."

"타고난 것을 극복해? 그럼 내가 개미처럼 살지 않을 수 있단 거야?"

"대부분이 바람도 없는 하늘에 연을 띄우느라 열심히 달리고 달린답니다. 하지만 숨이 찬데 계속 뛸 수는 없어요. 멈추면 잘 날던 연도 자꾸 땅으로 고꾸라질 거예요. 그런데 만약 바람이 불 때를 알고 연을 날리면 어떨까요? 지치지도 않고 동시에 많은 일을 할 수 있지요. 중요한 건 어떻게 바람이 올 때를 맞춰 연을 날리느냐는 거예요."

나는 선배에게 자신의 흐름을 찾아 고민을 풀고 원하는 삶을 사는 사람들의 이야기를 들려주었다. 하지만 이야기를 듣는 선배의 눈빛에서는 여전히 거리감이 느껴졌다.

"선배가 몸이 안 좋다니 마음이 참 아파요. 하지만 이 세상에 불행해도 되는 사람은 없어요. 원래 그렇게 정해진 운명이란 건 없어요. 모든 것은 바뀔 수 있으니까요."

"정말? 말도 안 돼. 어떻게 그럴 수 있어? 하아…. 야, 말하지 마. 그냥 난 안 들을래. 난 아마 할 수 없을 거야. 나한테는 남은 시간도 별로 없고, 난 내 운명대로 살다 갈래. 세상엔 변할 수 없는 것도 많아. 내 힘으로 어쩔 수 없는 것들이 있잖아. 너와 나는 다르니까. 난 너처럼 행복할 수 없을 거야."

선배는 변화를 위험한 바이러스인 양 피해야 할 것처럼 말했다. 죽고 싶지 않다고 울면서도 왜 자신은 절대 행복할 수 없는 사람이라고 단정 짓는 것일까. 무엇이 그녀 자신은 행복할 수 없다고 생각하게 만들었을까?

그때 음식이 나왔다. 친구가 참 좋아했던 양송이 수프였다.

좋은 비법이 있나요?

"우리 아들이 벌써 고등학생이야. 내가 아무리 바빠도 아들 데리러 학원에 꼭 가거든? 그런데도 집으로 돌아오는 차 안에서 아들은 나한테 말 한마디 안 해. 고마운 줄을 몰라. 나이를 먹을수록 할 일만 쌓이고 꼭 안개 속을 걷는 느낌이라니까."

"그건 선배의 내면, 그 안의 순환이 끊어져서 그래요. 끊어지고 흩어지고 붕 떠서 눈앞을 안개처럼 가리지요."

"순환이 끊어져? 내 안이 흩어져 있다고?"

선배는 간절한 눈빛으로 나를 바라보았다. 순간 선배와 세상을 떠난 나의 친구, 상담한 이들의 얼굴이 한데 겹쳤다. 나는 선배와 함께하는 지금이 단순히 밥을 먹고 헤어지라고 주어진 게 아니란 것을 직감했다.

"저기요, 콜라 두 잔이랑 빨대 두 개만 주시겠어요?"

웨이터는 예쁘게 조각된 크리스털 잔에 콜라를 담아왔다. 나는 빨대로 콜라를 들이마시면서 선배의 눈을 바라보았다.

"제가 빨대 안의 콜라가 같은 양을 유지하면서도 멈추지 않고 계속 흐르도록 만들어볼게요. 지금 있는 콜라만 이용해서요."

난 빨대를 입에 물고 흡입한 상태에서 얼른 혀끝으로 빨대 입구를 막았다. 콜라는 빨대 안에 들어온 채 흐름을 멈추었다. 나는 조심스레 빨대를 손으로 들어 양쪽 끝을 구부리고 맞대었다. 그러고는 빨대의 오른쪽 끝을 왼쪽 구멍 안으로 집어넣었다. 빨대에 잡힌 주름 덕분에 수월하게 고리를 만들 수 있었다.

"처음의 길게 뻗은 일자 모양 빨대는 콜라가 들어오는 시작과 끝으로 나뉘어 있지요. 이럴 땐 콜라가 빨대 구멍으로 흘러 들어와서 쌓이거나 나가서 없어지거나 둘 중 하나만 가능해요. 하지만 시작과 끝을 이어 이렇게 고리를 만들면 이야기가 달라져요. 모두 연결되고 순환되지요."

나는 그렇게 만든 빨대 고리를 잡고 살짝 흔들었다. 콜라가 빨대 고리 전체로 자유롭게 움직이며 퍼져나갔다가 되돌아오길 반복했다. 선배는 빨대로 고리를 만들고 있었다.

나는 하나로 이어졌던 빨대를 잡아당겨 연결된 부분을 끊었다. 빨대가 순환 고리에서 일자 모양으로 변하자 콜라가 흘러나와 빨대 안은 텅 비었다. 그때 선배가 이야기했다.

"콜라가 빨대 구멍으로 다 빠져나왔어. 아까 네가 말한 나의 내면에 있는 순환 사이클이 끊겨 있단 소리가 이런 느낌이구나."

"맞아요, 선배. 우리 모두는 연결된 하나의 우주예요. 육체, 감정, 사고, 영혼 등이 나름의 시스템을 가지고 제 역할을 하면서 동시에 조화롭게 '나'라는 사람으로 하나 되어 흘러요. '나'라는 빨대가 순환을 유지하면 그 안의 콜라는 끊어지지 않고 계속 흐를 수 있어요."

"그런데 내 순환 고리는 왜 끊어진 거지? 나는 몸도 아프고, 넌 행복해 보이는데 난 아닌 것 같고…. 왜 그렇지? 너도 알다시피 난 정말 착하게… 그리고 참 열심히 살았거든."

"우리가 행복하지 않은 이유 대부분이 자신을 잘 모르는 데 있어서 그래요. 목적과 방법 사이엔 공백이 있다고 했잖아요. 착하게 열심히 산다고 전부 행복해지는 건 아니거든요. 그러면 선배의 순환이 끊긴 이유는 무엇일까요? 그건 자신도 모르게 어딘가로 치우치면서 균형이 깨지기 때문이에요. 그 치우침의 원인은 대체로 과거에 생긴 상처의 기억들이고요."

"치우침? 시소가 기울 듯이 어딘가로 치우치면 불균형이 생기긴 하지. 그런데 어떻게 내 과거, 아니 과거의 상처가 나의 치우침을 만드는 걸까? 왜 불균형이 생겼을까? 너는 그 이유를 알 것 같아?"

"눈에 보이는 육체를 예로 들어볼까요. 어느 날 왼쪽 발을 삐었어요. 병원을 갈 정도는 아니지만 걸을 때마다 통증이 느껴져요. 그래서 그 통증을 피하려고 평소와 다른 방법으로 걷기 시작하고, 서 있을 때도 짝다리를 짚게 되고요. 왼쪽 발의 통증을 피하려는 노력이 점차 몸 전체가 틀어지게 만들어요."

나는 발에서 시작된 불균형 때문에 얼굴까지 연속적으로 틀어지는 과정을 설명하기 시작했다.

"왼쪽 발이 살짝 틀어지고 짝다리로 서는 습관 때문에 골반도 한쪽으로 치우치고 틀어져요. 이 불균형은 척추를 타고 올라와서 결국 어깨, 목, 얼굴까지 도미노처럼 조금씩 무너져요. 그런데 몇 년이 지난 어느 날, 오른쪽 팔이 저리고 아픈 거예요. 선배는 어느 날 아침 갑자기 팔이 저리고 아프면 어떻게 할 것 같아요?"

"글쎄. 병원에 가서 아픈 부위에 물리치료를 받거나 침을 맞거나, 의사가 주는 약을 먹겠지?"

"네, 맞아요. 하지만 그런 노력들이 문제의 근본 원인을 해결해 줄까요? 애초에 오른쪽 팔이 아프게 된 이유가 무엇이었지요?"

"아, 맞다! 왼쪽 발이 아파서 잘못 걷거나 서 있었잖아. 그것 때문에 척추와 어깨가 틀어져서 오른쪽 팔이 아픈 거라면, 팔에 침을 맞고 약을 먹는다 해도 낫지는 않겠네. 세상에, 발 하나 삔 것이 정말 몇 년이나 지났는데 갑자기 팔을 아프게 만들 수 있다고? 하긴, 걷거나 서 있는 건 매일 하는 일이니까. 작은 물방울도 계속 쌓이면 호수가 될 수 있지."

"맞아요. 그래서 약을 먹거나 병원을 다녀오면 통증이 좀 잦아들었다가 시간이 지나면 다시 아픈 거예요. 오늘 자신에게 벌어진 문제 상황의 진짜 이유를 모른 채 애먼 노력을 하니까 효과에 한계가 있는 거지요. 그런데 우린 어떻게 생각하나요?"

"리온아, 내가 얼마 전에 뭘 해도 어깨 통증이 낫지 않기에 늙어서 그런가 보다 했거든. 왜냐면 아무리 애를 써도 통증이 나아지질 않으니까 원인이 없나 보다, 어쩔 수 없나 보다 했어."

"맞아요. 우린 어떤 문제가 생기면 그걸 고치기 위해 많은 노력을 하거든요. 그런데 결과가 바뀌지 않으면 그 자체가 또 상처가 돼요. 이렇게 살아야 하나 보다, 어쩔 수 없나 보다 하지요. 문제의 근본 원인을 모르니 노력이 겉돌았을 뿐인데 그것을 모르는 거예요. 그런데 누가 알았겠어요, 오른쪽 팔의 통증이 사실은 예전에 살짝 삐었던 왼쪽 발 때문이었다는 것을요."

선배는 꼬고 있던 다리를 풀고 허리를 펴 바르게 앉았다. 처음 테이블에 마주 앉았을 때만 해도 변화를 거부했지만, 지금은 호기심을 갖고 나의 이야기에 귀를 기울이고 있었다.

"우리의 마음도 몸과 다르지 않아요. 지금은 기억도 못 할 정도의 작은 상처지만 치유하지 못한 채 지나치면, 그것은 깊은 내면에 자리를 잡아요. 그리고 그 이후에 벌어지는 일상에 영향을 미치지요. 왜냐하면 우린 과거의 그 상처와 똑같은 상처를 또 겪고 싶지 않아서, 통증을 피하기 위한 선택만 하거든요. 왼발의 통증을 피하기 위해 계속 비뚤어진 걸음을 걷는 것처럼요."

"그럼 내가 어떻게 해야 불균형을 바로잡을 수 있어? 몸과 마음이 같다니, 그러면 몸도 마음도 아프지 않고 건강해질 수 있을 텐데. 내가 어디 가서 뭘 배워야 하나? 어떤 '방법'이 있을 거 아냐. 비법 같은 거."

"방법이라…. 그게 우리가 흔히 범하는 오류예요. 내 문제를 해결해줄 방법이 있지 않을까 하는 생각 말이에요. 물론 아까 말했듯이 세상엔 좋은 가르침과 방법이 참 많아요. 그리고 자신에게 맞는 방법이 분명히 있어요. 그러나 선배, 다른 질문을 하셨어야 해요. 방법이 필요한 시점은 지금이 아니에요."

"엥? 다른 질문이라니. 뭔데?"

"무엇부터 시작해야 하는지 그 순서와 시점에 대한 질문요. 선배가 집을 짓는다고 생각해봐요. 가장 먼저 땅을 다지는 작업을 할 거예요. 그런데 만약 땅을 다지는 작업을 무시하고 바닥이 울퉁불퉁한 상태에서 집을 짓는다고 해봐요. 어떻게 될까요?"

"어떻게 되긴, 바닥이 엉망인데 그 위에 집을 지어봐야 잘되겠니. 울퉁불퉁한 바닥에 최대한 맞춰야 그나마 수평이 맞겠지. 그런데 아무리 문 높이, 벽 높이를 다르게 잘 맞춘다고 한들 시간이 지나면 집이 점점 틀어지지 않을까? 그냥 처음부터 땅을 고르게 다져야 다음 과정이 순서대로 착착 될 것 같은데. 땅을 다지는 작업을 왜 건너뛰는 거야?"

"하하하. 선배가 방금 답을 말했어요."

순간 선배가 눈을 동그랗게 뜨고 격양된 목소리로 말했다.

"땅이 문제구나! 애초에 땅을 고르게 다지지 않았잖아. 바닥에 문제가 있으니 저 위 지붕에 비가 새는 문제까지 이어진 거야. 지붕의 누수공사를 해봐야 땅은 그대로 틀어져 있으니 균열과 누수는 반복될 거고. 오! 발을 삐었는데 어느 날 팔이 아프게 된 것과 같은 원리잖아. 그런데 나는 내 눈에 보이는 지금의 문제에만 집중했구나."

"맞아요. 오늘 벌어지는 수많은 문제는 비가 새는 지붕과 같은 거예요. 눈에 보이는 게 전부가 아네요. 우리에겐 더 근본적인 원인이 있어요. 과거의 문제를 해결하지 않은 상태로 나이를 먹으면, 울퉁불퉁한 땅을 방치한 채 그 위에 틀어진 집을 짓는 것과 같은 셈이에요."

선배는 고개를 끄덕였다. 나는 말을 계속 이어갔다.

"지붕을 고치고 벌어진 틈을 메우는 등 당장 비가 새지 못하게 만드는 수많은 좋은 방법이 있겠지요. 그러나 그건 근본적인 문제 해결이 아니에요. 우린 그 점을 놓치고 있어요. 물론 땅이 비교적 편평한 사람은 같은 방법으로 집을 지어도 땅이 울퉁불퉁한 사람보단 비가 덜 새겠지요."

"오, 말 되네. 그래, 시작이 틀어지면 다 틀어지지. 아, 땅이 편평한 사람은 호랑이처럼 태어난 이들이구나. 부족하게 타고난 것을 극복한다는 건 울퉁불퉁한 땅을 공을 들여서 잘 다진다는 의미인 거고. 맞아?"

"맞아요. 누구나 모든 것이 가능하답니다. 그 가능성을 열려면 자신의 시작점으로 돌아가서 땅을 고르게 다지는 일부터 해야 해요. 너무 쉽고 당연한 말 같지만, 우리가 더 나은 선택을 할 수 있게 해줄 중요한 과정이에요."

"너 얼굴만 좋아진 게 아니구나? 대체 안 본 사이에 무슨 일이 있었던 거야? 말하는 게 뭔가 바뀌었다 너. 알았어요, 오리온 씨. 그래서 나의 땅을 어떻게 다지는 건지 이야기 좀 들어봅시다."

선배는 우리가 만난 이후 처음으로 편안하게 웃었다. 자연스럽게 느껴졌다. 그녀가 마음을 열었기 때문이다. 난 다시 맛있게 수프를 먹었다. 앞으로 선배와 많은 것을 함께할 것 같다는 생각이 들었다. 마치 친구가 옆에서 함께하는 것 같았다.

'아, 내가 걸어온 행복의 길을 선배와 함께 걸으라는 것이구나. 이 과정에서 사람들이 잠시 행복해져도 시간이 지나면 예전으로 돌아가는 문제의 답을 찾을 수 있을지도 몰라.'

고개를 들어 다시 선배 얼굴을 보았다. 신기하게도 선배의 얼굴은 처음과 달리 조금 변해 있었다. 정말로 변해 있었다. 단순히 표정이 바뀐 차원이 아니었다. 완전하지는 않지만 선배의 순수했던 대학 시절의 얼굴이 보였다. 단지 편안해진 마음만으로도 몇 분 만에 이렇게 얼굴이 다른 사람처럼 변할 수 있다는 것이 신기했다.

"선배, 이제야 선배를 알아보겠어요! 정말 반가워요."

당신의 뿌리에는 어떤 상처가 있나요?

선배는 도통 음식을 먹지 않고 골똘히 어떤 생각을 하는 것 같았다. 이윽고 선배가 말을 꺼냈다.

"고른 땅 위에 반듯한 집을 지을 수 있다는 건 이해를 했어. 그런데 어떻게 그걸 내 인생에 적용할 수 있어?"

선배의 질문에 난 나의 땅을 고르게 다지던 때를 떠올렸다.

"집 아래 땅을 다시 다진다는 건, 바쁜 오늘을 잠시 멈추고 어제까지의 자신을 돌아보는 것과 같아요. 과거의 무엇이 치유되지 않았기에 오늘이란 나의 지붕에 비가 새는지, 거꾸로 원인을 찾아가는 거지요."

"과거의 치유? 집은 건축의 순서가 그 형태에 반영되어 있지만, 우리의 과거는 이미 지나간 일이고 형태가 없잖아. 집이야 부수고 땅을 다지면 되고, 몸도 왼발의 통증 때문에 틀어졌다면 교정을 하면 돼. 하지만 우리 과거를 바라보고 고친다고 뭐가 달라져? 그게 이상해 난."

참 재미있었다. 선배는 내가 상담했던 이들과 같은 질문을 했다. 예전의 나 역시 지나가버린 과거는 바꿀 수 없으니 중요하지 않다고 생각했다. 그만큼 우리에게 과거의 나를 돌아보는 일이 낯선 것일까.

"지금 선배를 보면요, 변호사란 일을 하면서 맞닥뜨린 많은 위기를 잘 극복해왔다는 걸 알 수 있어요. 참 대단해요, 선배. 그렇게 오늘 해야 할 과제에 집중하면 좋은 성과를 얻기도 하지요. 하지만 그게 전부가 아니에요."

"지난 일인데 자꾸 돌아봐 봤자 내가 얻는 게 없으니까. 당장 내 앞의 일에 집중해야지."

"과연 그럴까요? 선배, 안 본 사이에 제게 무슨 일이 있었냐고 했지요? 저 지난여름에 많이 아팠어요. 화장실도 못 갈 정도로 아파서 누워만 있었지요. 처음엔 '몸이 나으면 뭐든 해야지'라는 생각을 했어요. 그러나 당장 아무것도 할 수 없는 날들이 기약 없이 쌓여만 가는 거예요."

"저런. 지금 얼굴은 참 좋아 보이는데, 많이 아팠구나."

"네. 십수 년을 목표를 향해 쉬지 않고 달리기만 했는데, 어느 날 갑자기 내일의 그 무엇도 계획할 필요가 없는 지경이 되었어요. 어딜 갈 수도, 무얼 할 수도 없이 누워만 있었으니까요. 미래가 무의미해지니 제가 할 수 있는 거라곤 지금과 어제를 돌이켜보는 것뿐이었어요."

나는 계속해서 나의 과거 치유 과정을 생생히 떠올리려 노력했다.

"그러던 어느 날, 방금 내가 느낀 것이 무엇인지 곰곰이 생각하다가 사소한 의문이 생겼어요. 그리고 지나간 것들에 대한 저의 의문은 꼬리에 꼬리를 물었지요."

"방금 느낀 것? 뭘 곰곰이 생각했는데?"

"10분 전에 엄마의 말이 왜 불편하게 느껴졌지? 이건 무슨 감정이지? 분노인가, 걱정인가? 그러고 보니 어제도 비슷한 일이 있었는데 오늘과 어제, 이 둘은 어떤 상관이 있지? 아, 공통점은 엄마가 내 말을 귀담아듣지 않았다는 건가? 그런데 상대가 내 말을 귀담아듣지 않는 게 문제가 되나? 아니면 엄마여서 문제가 되는 건가? 또 불편한 게 뭐가 있지? 이렇게 저를 스치고 지나가는 순간의 감정들을 놓치지 않고 하나씩 지켜봤어요. 어떤 이유에서 그 감정이 생긴 건지 그 과정을 역추적했지요. 나이 마흔에 처음 해보는 내면으로의 여정이었어요. 할 수 있는 게 생각 말고는 없어서 어쩔 수 없이 하게 된 건데, 시간이 지날수록 놀라운 일이 생겼어요."

"놀라운 일? 지금은 건강한 걸 보니, 뭔가 변화가 있었구나."

"저의 감정을 자세히 살피다 보니 그것이 결국 더 깊은 과거로 저를 인도했어요. '이것이 어디서 생긴 걸까? 이것과 저것은 어떤 상관이 있을까?'를 생각하다 보니 자연스럽게 그렇게 되었지요. 이 과정을 반복하면서 저는 제 자신을 벼랑 끝으로 몰았어요. 역추적하는 과정의 끝엔 뭐가 있는지 알고 싶었거든요."

선배는 침을 꼴깍 삼켰다. 그녀의 두 눈이 온통 내게 집중되어 있었다.

"선배, 지금 내가 느끼는 불편함과 수많은 문제는 새로운 게 아니에요. 반드시 관련된 과거가 있었어요. 놀라운 것은 이 과거가 아픈 상처일수록 오늘과 더 강하게 연결되어 있더라고요. 이미 벌어진 일은 소용없다며 덮고 지나가 버리면, 그 과거 상처가 내일의 새로운 상처를 재생산한다는 것을 깨달았어요."

"아니야. 난 오늘 겪은 문제를 곰곰이 생각하지 않아도 내일 닥치는 일들 잘 해결했어. 이렇게 변호사로 자리도 잘 잡았고."

"그건 '일'이라는 '과제'에서 그렇지 '관계'를 해결한 건 아니네요. 그래서 일이나 업무에선 늘 성공하던 사람들이 사랑하는 가까운 사람들, 배우자나 자녀 '관계'에서는 외로움을 느끼고 어렵다고 느끼는 거예요."

"그런가? 아, 맞아. 일은 열심히 하면 되거든. 그런데 사람 관계는 가깝고 사랑하는 사이일수록 열심히 해도 뭔가 잘 안 돼. 잘되

다가도 어느 순간 어려워."

"자신의 상처가 매 순간 비합리적 신념을 만들기 때문이에요. 예수님, 부처님이 아니고서야 사람은 누구나 크고 작은 비합리적 신념이 있어요. 그런데 상처가 만든 신념은 어떤 특징이 있게요? 바로 그 신념을 지키기 위해서 외부의 모든 것을 자신에게 맞춘다는 거예요."

"모든 걸 나한테 맞춘다고?"

"네. 이게 과제는 큰 문제없이 지나갈 때도 있어요. 즉, 내가 실패해도 다양한 다른 각도로 과제를 내게 맞춰 성공으로 이끌기도 해요. 그러나 관계에선 이 방식으로는 성공할 수 없어요. 남을 내 뜻대로 만드는 데는 한계가 있거든요."

선배는 팔짱을 풀고 몸을 내 쪽으로 좀 더 가까이 기울였다.

"부모 자식의 관계를 떠올려보세요. 자녀가 어릴 땐 물리적으로 부모가 자녀를 양육할 수밖에 없어요. 그래서 부모가 생각하는 옳은 신념대로 아이를 이끌어요. '이리 와. 이거 먹자. 그건 하면 안 돼'라고 하면서요. 이때 부모의 비합리적 신념은 자녀에게 그대로 전달돼요. 그러나 자녀는 아무리 내 배로 낳았어도 전혀 다른 특성으로 존재하는 고유한 독립체거든요."

"그래서?"

"남에게 피해 주는 것을 참 싫어하는 어떤 부모가 자녀에게 조용히 하란 말을 달고 살았어요. 그런데 이 아이가 사람들 앞에서 돋보여야 행복한 사람으로 태어났다면요? 아이는 노란색으로 태어났는데 부모는 자신의 보라색을 아이 어깨에 걸쳐준 셈이지요. 아이는 혼란스러울 수밖에 없어요."

"아…. 과거의 상처에서 비롯된 비합리적 신념은 나와 누군가의 관계에선 문제를 만들 수밖에 없겠구나. 우린 모두 다 다르니까. 그런데 나는 과거 같은 거 돌아보지 않아도 잘만 성공했다고 생각했구나. 어쩌면 과제조차도 비합리적인 신념이 아니었으면 더 수월한 성공을 거뒀을지 모르겠네."

"네. 맞아요. 과제도 영향을 받지요. 이번엔 같은 상황에서 생긴 상처가 다른 신념을 만드는 예를 들어볼까요. 형과 동생이 있었어요. 이들은 어릴 때 참 가난했어요. 설상가상으로 아버지가 근무하던 공장에서 부당한 해고를 당했어요. 이제 형제는 분노를 느껴요. 어릴 때부터 숱하게 겪어봐서 너무도 잘 아는 가난의 고통이 앞으로 겪을 가난에 대한 두려움으로 이어진 거예요."

"남 이야기 같지가 않다. 그래서 그 형제는 어떻게 돼?"

"형제는 우리도 가난에서 벗어나 걱정 없이 살고 싶다고 생각해요. 이건 돈을 거부하는 게 아니라 돈을 원하는 생각이죠. 여기서 우선, 형의 사고 활동은 이렇게 이어져요.

형: 아버지를 해고한 사장, 부자는 나쁜 사람이다. 부자만 더 갖게 되는 돈,

돈은 나쁜 것이다.

그런데 같은 상황에서 동생은 다른 방향의 사고 활동으로 연결돼요.

동생: 가난은 괴로운 것이다. 사람답게 살려면 반드시 돈이 있어야 한다. 큰돈을 갖고 싶다.

어린 시절의 가난으로 인한 상처가 결국 두 형제에게 돈에 대한 전혀 다른 비합리적 신념을 만든 것이지요."

"나는 동생처럼 된 거네. 그래서?"

"어른이 된 형제는 어머니가 시장에서 하시던 장사를 물려받았어요. 그런데 어느 날 가게 임대인이 형에게 연락을 했어요. 자신은 멀리 이사를 가야 하는데, 시장이 개발된다는 소문이 있으니 임차인인 형제에게 가게를 싸게 넘기겠다는 제안을 하는 거예요. 순간 '부자=나쁜 사람', '돈=나쁜 것'이란 형의 신념에 경고등이 켜져요. 가족처럼 지내던 임대인의 제안이 진심이란 걸 머리로는 알지만 마음 깊은 곳에선 이 기회가 마치 부자들의 속임수같이 느껴지는 거지요. 결국 형은 잘 알아보지도 않고 제안을 거절해요. 덕분에 오랜 단골손님들을 뒤로하고 장사할 새로운 터전을 힘들게 찾아요. 시간이 흐르고, 자신이 일하던 가게를 매입한 옆집 아저

씨는 시장이 개발되어 큰돈을 벌었다는 소리를 들어요. 그러나 형은 애써 못 들은 척해요. 단골손님도 유지하고 가게 주인이 될 수 있었던 좋은 기회를 제 발로 차버린 현실을 부정하지요. 앞으로 형은 돈과 관련된 상황이 닥칠 때마다 올바른 판단을 쉽게 할 수 있을까요? 아뇨. 돈에 대한 부정적 신념이 앞뒤 정황을 객관적, 합리적으로 파악하지 못하게 만들 거예요.

이렇게 가난의 상처가 만든 돈에 대한 비합리적 신념 때문에 형은 자신 앞에 닥친 과제에 집중하지 못했어요. 성공할 수 있는 일에서 실패했지요.

이번엔 동생의 경우를 볼까요. 동생은 그런 형을 보면서 자신은 기회를 잃으면 안 되겠다고 결심해요. 돈이 되는 것은 뭐든지 다 합니다. 돈을 잃을 수 있거나 돈이 되지 않는 일은 가치가 없다고 느껴 쳐다보지도 않지요. 그래서 자녀가 아프거나 부모님의 생신날도 쉬지 않고 돈만 벌어요. 결국 동생은 큰돈을 벌어 부자가 되었고 그 돈으로 가족들까지 풍족하게 부양해요. 가난에서 벗어나 부자가 되는 과제를 성공적으로 해낸 거죠. 그러나 돈만 버는 동안 가족들과 서로의 가치관, 생각과 경험, 감정을 교류할 기회를 놓쳤어요. 덕분에 가난하던 가족들은 갑자기 생긴 큰돈을 어찌해야 할지 몰랐어요. 결국 돈 문제로 가족끼리 다투고 서로 멀어지는 지경까지 가요. 동생은 가난이 싫어서 열심히 돈을 벌었을 뿐인데 도대체 어디서부터 무엇이 잘못된 건지 알 수가 없었지요. 부자가 되었지만 가족을 잃은 동생은 한잔 술에 눈물을 흘리며 그렇게 원했던 돈이 이제는 독처럼 느껴진다고 말해요.

이것은 돈에 대한 비합리적 신념이 관계를 망친 경우예요. 훗날 성취했던 과제까지 후회가 되지요. 이렇게 과거 상처는 가치중립적인 대상에 자신만의 신념을 덧씌우고 서로 다른 길을 걷도록 만들어요."

"그렇구나. 흠. 나도 돈에 대한 비합리적 신념이 있는 건가. 나의 울퉁불퉁한 땅은 무엇이지. 리온아, 난 과거의 무엇부터 돌아봐야 할까?"

나는 집을 부수고 땅을 다지는 장면을 상상하며 내가 걸었던 치유 과정과의 공통점을 찾으려 했다. 그때 우리가 나눈 대화가 하나로 모이며 무언가 불현듯 떠올랐다.

'아! 이거구나! 비가 샌다고 지붕을 아무리 고쳐도 땅이 틀어져 있으면 결국 다시 비가 새지. 많은 사람이 잠시 행복할 뿐, 예전의 문제를 다시 반복하는 이유는 근본적인 원인에 접근하지 못해서였어! 결국 인생의 시작점으로 돌아가야 하는구나. 그곳부터 치유해야 해.'

"우리의 어린 시절로 돌아가야 해요! 나라는 사람의 드라마가 시작된 지점요. 이걸 뭐라고 불러야 할까요. 나의 시작점이고 근본에 해당하니까 뿌리라고 할까요. 우리의 '뿌리 상처'라고요. 모든 열매는 하나의 뿌리에서 시작되니까요."

"뿌리 상처? 나의 뿌리 상처는 뭘까…. 네가 예로 든 동생과 내가 비슷하지만 똑같진 않은데, 이걸 무슨 수로 접근하고 알아내?"

"뿌리로 가려면 눈을 가리고 있던 안개부터 걷어내야 해요. 그래야 앞이 보이겠지요."

호기심은 변화를 향해 쏘아 올린 신호탄

"안개? 안개를 걷어낸다고?"

"선배가 마치 안개 속을 걷는 것 같다고 했잖아요. 다들 열심히 노력해도 산 넘어 산처럼 문제가 반복되는 이유는 해결하지 못한 뿌리 상처가 있어서예요. 문제는 자신의 뿌리 상처가 무엇인지 알고 싶어도 보이지 않는다는 거예요. 안개가 눈을 가리니까요."

"안개는 뭘 의미하는데?"

"과거 상처가 만들어낸 비합리적 신념요. 가난한 형제의 예에서 보았던 돈에 대한 비합리적 신념을 생각하면 돼요. 이게 나를 세상으로부터 단절시키고 '진짜 이유'가 보이지 않게 해요."

"아, 뭔가 다 연결되어 있구나. 자, 봐봐. 오늘 집에 비가 새는 문제가 발생했어. 그런데 그게 사실은 땅이 고르지 못해서 집이 전체적으로 틀어진 거지. 그래서 시작으로 돌아가서 땅부터 고르게 다져야 해. 문제는 땅의 어디에 근본 원인이 있는지 보고 싶어도 내 눈에 안개가 껴서 보이지 않는다는 거야. 그 안개가 상처 때문에 만들어진 비합리적 신념이고. 맞아?"

"제가 하고 싶은 말이었어요! 고마워요. 대단한걸요 선배. 비합리적 신념은 실패한 순간, 상처로부터 자신을 지키기 위해서 탄생한 벽이에요. 우리가 과거의 상처를 방치하면 비합리적 신념이 강해지거든요. 세상은 다채로운데, 우리는 신념을 지키고 고통을 피하기 위한 선택만 하게 돼요."

"저런. 그런데 나는 이미 지난 과거니까 어쩔 수 없다며 지난 일들을 덮어뒀구나. 나를 둘러싼 안개가 생각보다 두껍겠다."

"네. 저도 저의 뿌리 상처를 바로 찾아내기가 어려웠어요. 보이질 않더라고요. 그러니 평소 우리의 노력이 뿌리까지 도달하지 못하고 곁가지에서 맴도는 거예요. 하지만 그렇게 해서는 성과를 얻을 수 없어요. 나는 노력해도 안 되는구나 하며 상처를 받을 뿐이죠. 자꾸 내 안의 상처가 목구멍까지 차오르는 거예요. 그렇게 상처를 피하는 선택만 반복하게 되고. 행복도 성공도 멀어지지요."

"말만 들어도 답답하다. 그냥 과거니 상처니 다 덮고 싶네."

"바로 그 마음이에요. 내 안이 꽉 차 있으니, 머리로는 알지만 마음에 여유가 없어요. '나는 어차피 개미여서 안 돼'라고 생각하니까요. 아, 이제 알 것 같아요. 행복이라는 목적과 방법 사이의 공백이 왜 생겼는지요. 개미가 호랑이와 다른 건 맞지만 개미로 태어나서 실패한 게 아니에요. 결국 개미의 마음이 그동안 쌓인 상처와 안개로 꽉 차서 그런 거예요."

"다 같은 말이네. 과거의 뿌리로 돌아가서 땅을 고르게 다지라는 거잖아. 그러면 너는 네 뿌리에 어떻게 접근했어? 이젠 정말 행복하다며?"

"네, 행복해요. 흠. 우선 내 뿌리에 도달하려면, 사전 작업이 필요해요."

"어떤 사전 작업?"

"안개를 거둬내는 거요. 저의 비합리적 신념을 찾아서 하나씩 바로잡았더니 근본적인 원인이 보이더라고요. 자기 안에 찰랑찰랑 채워진 구정물을 비워내는 거예요. 점차 깊은 내면으로 들어갈 수 있어요. 자신의 뿌리로요. 이렇게 삶의 목적과 방법 사이의 공백을 채우는 거예요. 그러면 호랑이든 개미든, 누구나 무엇이든 해낼 수 있어요. 머리로 아는 것을 드디어 삶에 적용할 수 있게 되니까요."

"그래. 어디 안개를 거둬내보자. 어떻게 하는 건데?"

"호기심을 갖는 거예요."

"호기심? 강력한 무언가가 있을 줄 알았더니 좀 시시한데."

"하하하. 진짜일수록 자기 안에 있고 간단하지요. 선배, 세상을 대하는 아기의 눈과 몸짓을 떠올려보세요. 아기들은 별것 아닌 것도 호기심 어린 눈으로 두 팔 벌려 마주해요. 어제와 같은 방에 누워서 매일 보는 모빌도 신기한 보물인 양 쳐다보지요. 우린 그 모습을 되찾으면 돼요."

"그래, 뭐. 우리 아들 갓난아기 때 딸랑이 한 개만 줘도 세상 신기하다는 듯 숨이 넘어가게 좋아했지."

"우리가 오늘 만나 처음 이야기를 나누었을 때를 생각해봐요. 선배는 어차피 변하는 것은 없을 테니 제 이야기를 듣고 싶지 않다고 했어요. 상처받을까 봐 두려워서 변화를 거부했죠. 익숙한 것이 안전하다고 생각하니까요."

"맞아. 너와 나는 다르다고 생각했어. 들을 필요 없다고."

"내가 겪어보니, 나의 부정적인 에너지는 우주의 다양한 에너지 중에서도 부정적인 에너지를 끌어당기더라고요. 현실에서 겪지 않아도 될 많은 문제를 겪게 되지요. 그런데 그 문제 상황에서 우린 어떻게 대처하게요? 겉으로 보이는 문제에만 '줌인zoom in' 하면서 당장 겪고 있는 상황과 대치해요. 문제에 굴복하고 포기하거나 싸워서 이기려 들지요."

"잘 이해가 안 되는데, 당연한 거 아니니? 포기할 게 아니라면 문제에 맞서 투쟁해야지. 가만히 있다가는 내가 다치는데?"

"자기 앞의 문제가 전부처럼 보여서 그래요. 줌인만 하면 그렇지요. 그러나 이 세상의 모든 것은 동전의 양면과 같아서 문제의 뒷면에는 반드시 해법이 함께 있더라고요. 유연한 시야를 가지면 동전의 뒷면도 보이는데 말이에요. 이게 우리가 처음으로 다루는 안개가 되겠네요. 한번 우리 눈앞에서 거둬내볼까요?"

선배의 표정은 여전히 어두웠다. 나는 사랑의 에너지를 끌어올려 나의 말에 담고자 노력했다.

"아까 그 형제 이야기로 돌아가 볼게요. 동생이 큰 부자가 되기 전에 사업에서 위기를 겪었다고 가정해보자고요. 이게 동생이 보기엔 문제 상황일까요, 아닐까요?"

"장난해? 부자가 되려고 산전수전 다 겪으며 그렇게 노력하다가 돈을 몽땅 날릴 위기에 처했다면 당연히 문제 상황이지."

"맞아요. 동생의 뿌리 상처가 만들어낸 비합리적 신념에서 보면요. '가난을 피하고 싶어, 돈을 벌어야만 해, 돈이 없으면 안 돼'라는 신념을 지키는 범위에선 돈을 잃는 건 분명한 문제 상황이 맞아요. 이건 동생의 돈에 대한 신념을 중심으로 지금 벌어진 상황의 옳고 그름을 해석한 거예요."

선배의 표정은 아리송했다. 돈을 잃는 게 좋을 수도 있다는 말인가 하고 생각하는 듯했다.

"선배, 동생은 부자가 된 후에 어떻게 되었지요? 그렇게 원하던 돈이 이젠 독처럼 느껴진다고 했어요. 만약 부자가 되려고 돈만 보고 달리던 상황에서, 어쩔 수 없이 숨 돌릴 순간이 주어진 것일 수도 있잖아요. 비록 금전적 위기는 있겠지만 가족과 많은 시간을 함께하며 서로의 생각을 알아가는 기회가 될 수도 있어요."

"듣고 보니 그렇네. 돈이야 왜 실패했는지 원인을 파악한 다음에 다시 벌면 되니까."

"그렇게 동생이 숨을 고르고 다시 달린다면, 좀 늦더라도 더 안전한 성공에 도달할 수 있을 거예요. 갑작스레 큰돈을 만지면서 가족들의 사이가 나빠지는 결과를 막을 수 있을지도 모르지요. 이건 '돈을 잃지 않으려 싸울 것인가, 혹은 돈을 포기할 것인가'와 같이 흑백만 존재하는 이분법적 접근이 아니에요."

"그러게. 전혀 다른 접근인데? 뭐라 생각해야 하는 거지?"

"우선 그 상황에서 빠져나오는 거예요. 돈을 잃는다는 그 상황에만 집중해서 문제라고 단정 짓지 않고, 한 걸음 물러나 시야를 '줌아웃zoom out' 해서 제3의 길을 찾는 거예요. 이건 동생이 돈이 최고라고 여기는 자신의 신념을 잠시 내려놓아야 가능한 일이에요. 동전의 뒷면을 보려면, 앞면이 전부라는 자신의 생각을 떨쳐내야 하니까요."

선배는 곰곰이 생각하다 미간을 찌푸리곤 내게 말했다.

"돈을 잃는 게 좋을 수도 있다는 건 지금의 내겐 상상만으로도 충격적인 상황인데…. 막상 금전적 어려움을 겪는 현실에서 줌아웃을 하며 사고하는 게 과연 가능할까?"

"줌아웃 하는 게 왜 어려울 것 같아요? 그건 선배 안에 두려움이 있어서 그런 거예요. 실제로 불가능한 일이어서가 아니에요. 선배 안에 가난이 싫어서 '돈을 잃으면 안 돼'라는 어떤 '해야만 해'

가 있는 거예요. 이 신념을 방패 삼아 상처로부터 자신을 안전하게 지키려고요."

"세상에, 그런 거라면 난 엄청 많을 것 같은데. 어쩌지…. 나 더 부자가 되려고 로펌 차릴 때 무리하게 대출 받아서 사무실 상가 샀는데. 흠. 가난이란 상처가 고통스럽고 피하고 싶어서 내가 저지른 행동이란 건가."

"자연스럽게 준비가 되었을 때 로펌 대표가 되는 것과 더 부자가 되려고 무리하게 애써서 되는 건 다르잖아요. 저 역시 실패의 순간마다 참 고통스러웠어요. 그럴수록 이 고통으로부터 나를 지킬 수 있는 중간 과정을 나도 모르게 만들더라고요. 그게 바로 '해야만 해'와 같은 신념이에요."

"아, 그렇네. 그렇게 열심히 살았지만, 난 더 높이 올라가지 못할까 봐 늘 불안했거든. 돈에 대한 신념을 지키려고 내 모든 것을 끌어다 맞추었구나."

선배는 타협의 여지가 없도록 당연했던 자신의 신념을 스스로 바라보기 시작했다. 그녀는 어느새 변화를 선택하고 있었다.

"선배, 우리가 다 그래요. 아팠으니까 두렵지요. 비합리적 신념이 없는 사람은 없어요. 문제는 세상으로부터 자신을 지킨다는 경계심이 강할수록 자기를 더욱더 차단한다는 거예요. 그러면 유연함을 잃게 돼요."

"그래서 호기심이 필요하구나. 두려움을 떨쳐내야 호기심도 생기는 거야."

"그럼요. 순수한 아기는 상처가 없으니 두려움도 없어요. 동전을 뒤집을 용기가 생기지요. 용기와 호기심은 연결되어 있어요. 중요한 건, 변화를 받아들일 수 있느냐는 거예요. 성장은 반드시 변화를 수반해야 가능하니까요."

"호기심 가득한 얼굴로 생글생글 웃는 아기를 생각하니 나도 아기처럼 무엇이든 두 팔을 벌리고 덥석 손으로 잡을 수 있을 것 같아. 뭐든 함부로 판단하거나 경계하지 말고 호기심을 가져야겠다. 그러고 보니 나는 어느새 네 이야기에 호기심을 갖기 시작했어. 이게 바로 변화의 시작이구나!"

"맞아요. 문제 상황이 꼭 문제만은 아니라는 것을 알게 된 순간, 우리의 눈을 가리던 안개를 하나 거둬낸 거예요. 불안했던 마음 한 구석이 편안해지고 경직된 어깨가 풀어지면서 경계하던 자세도 조금 풀리지요. 이렇게 우리의 뿌리로 조금씩 다가가는 거예요."

* **첫 번째 비합리적 신념**: 상처받기 싫어. 변화는 위험해!

→ 호기심을 가지고 다가가자. 줌 아웃zoom out 해 바라보자. 모든 가능성을 열어두고 변화를 선택하자.

부처 눈에는 부처가,
돼지 눈에는 돼지가 보인다

주문한 메인 메뉴가 나왔지만 선배는 도통 음식에 관심이 없어 보였다.

"선배, 아까 수프도 거의 안 드셨죠? 맛있었는데. 음식 좀 드셔보세요."

"아…, 수프가 나왔었나? 기억이 안 나네. 글쎄, 배가 고프긴 한데 음식 생각은 없고, 콜라나 마셔야겠다. 근데 이 잔 참 예쁘다. 왠지 콜라가 더 맛있게 느껴져."

선배는 수프를 한 숟가락 먹었음에도 기억하지 못했다. 우린 현재 마음을 어디에 집중하고 있는가에 따라 방금 한 일을 기억할 수도 못 할 수도 있다. 지금의 마음가짐이 자신의 과거를 다르게 기록하는 것이다. 선배는 말을 이어갔다.

"난 예쁜 그릇 좋아해. 아무리 향긋한 와인도 머그컵에 따라 마신다고 생각해봐. 그냥 쓴 물을 마시는 느낌일걸. 하지만 이렇게 예쁜 잔에 마시면 평범한 콜라도 더 맛있고 왠지 더 향기롭지."

"왠지 더 향기롭고 예쁜 음료라. 재미있는 표현이네요. 그릇에 따라 똑같은 물도 다르게 느낀다는 뜻이니까요. 그건 우리가 물이라는 사실을 생각하기 전에, 눈이라는 감각을 이용해서 크리스털 잔에 새겨진 예쁜 이미지를 먼저 받아들이기 때문일 거예요."

"생각 이전에 감각을 먼저 사용한다? 그렇구나. 나는 그동안 감각이 중요한 역할을 하는 줄 몰랐네."

"맞아요. 우린 자칫 느끼는 감각보다 이성이 더 믿음직스럽고 우월하다고 생각할 수 있어요. 하지만 아니에요. 우주의 모든 것은 자신의 감각 기관으로 접하며 '내가 느끼고 해석한 세상'이에요. 그래서 향기로운 물을 느낄 수 있는 거지요."

"그런데 리온아, 눈이라는 렌즈에 따라 다르게 해석할 수 있다니. 그건 왠지 내 이성적인 사고와 판단이 감각의 지배를 받는다는 말처럼 들린다. 난 내 사고 활동이 더 믿음직스러운데 말이야."

"렌즈로 세상을 보는 카메라를 떠올려볼까요. A라는 렌즈로 저 멀리 하늘을 찍었는데 사진이 참 예쁘게 나왔어요. 그러면 우리는 기쁜 감정을 느낄 테고, 다음에 무언가를 찍을 때마다 A렌즈가 쉽게 떠오르겠지요. 긍정의 경험을 바탕으로요. 그래서 평상시에도 카메라에 A렌즈를 장착하고 다니는 사람이 돼요."

"A렌즈만 쓴다고? 그러면 가까운 물건을 찍을 땐 어쩌려고?"

"어느 날 개구리가 우는 소리가 들려요. 살펴보니 가까운 곳에 개구리가 있어요. 우리는 A렌즈로 사진을 찍어요. 그런데 카메라가 가까이 있는 개구리의 초점을 잘 맞추질 못 해요. 색깔도 형태도 흐릿하게 찍혔지요. 하지만 우리는 다르게 찍힌 개구리의 모습과 색이 진짜인 줄 알 거예요. 평소에 A렌즈만 쓰니까요. 자신만의 렌즈를 통해 '내가 느끼고 해석한 세상'이 되는 순간이지요."

"'내가 느끼고 해석한 세상'이라니, 부처 눈엔 부처만 보이고 돼지 눈에는 돼지만 보인다는 옛말이 이런 뜻이구나! 내겐 부처 같은 사람이 저 사람에겐 돼지 같을 수 있으니까. 내가 올바른 나의 눈을 가지려면 구체적으로 어떻게 하면 좋을까?"

나는 크리스털 잔의 콜라를 다 마신 다음 그 안에 물을 채웠다.

"선배는 크리스털 잔에 대한 좋은 기억을 갖고 있어요. 그래서 이렇게 예쁜 크리스털 잔을 보면 왠지 더 향기로운 물이라고 느끼지요. 그러나 평소 그에 대한 나쁜 기억이 있다면, 왠지 마시고 싶지 않은 물이라고 느낄 거예요. 이 둘의 차이는 뭘까요?"

"아, 좋은 기억과 나쁜 기억. 평소 내 안에 어떤 기억을 쌓는가가 차이점이네. 나의 과거가 나의 감각에 영향을 미치는구나. 같은 정보를 다르게 받아들이도록."

"네. 우리가 살면서 만나는 수많은 대상을 경험할 때마다 어떤 '감정'이 생기고, 이 감정은 기억과 함께 '과거'에 저장돼요. 그리고 감정은 앞으로의 상황마다 사용할 렌즈를 고르는 기준이 되지요.

'예전에 A렌즈가 좋았으니 오늘도 그것을 써야지'라고요."

"그럼 내가 겪는 상황마다 최대한 좋은 기억만 내 안에 쌓아야겠네? 좋은 감정으로?"

"아니요. A렌즈가 좋아서 늘 그것을 사용했다가 개구리를 잘못 인식했잖아요. 세상에 '원래 좋은 것'은 없어요. 오히려 같은 대상을 다양한 각도로 바라보면서 플러스(+)가 있는 바로 그 자리에 마이너스(-)도 있다는 것을 아는 게 중요해요. 세상을 있는 그대로 느낄 수 있도록 말이지요."

"아, 맞다 맞아. 원래 좋고 나쁜 건 없다고 했지. 부처가 돼지가 될 수 있다고. 편견 없이 열린 자세를 가져야겠네."

선배는 점점 자신의 마음을 열고 있었다. 그녀의 순수함이 아름답게 느껴졌다.

"이렇듯 유연하게, 자신을 활짝 열고 세상을 바라보면 어떤 장점이 생길까요?"

"글쎄…. 기쁘기만 한 일도 없고, 나쁘기만 한 일도 없다는 것을 알게 되니, 뭔가 담담해지겠는데?"

"맞아요, 선배. 중요한 포인트예요. 우리가 중심을 지키고 담담할 수 있다면, 상황마다 숨겨진 이면도 바라볼 수 있어요. 그래서 위기를 기회로 만들 수 있고, 불행하지 않고 행복할 수 있지요."

"머리로는 어렴풋이 알겠는데 아직 와 닿지는 않아. 이를테면 어떤 거야?"

"로또 1등에 당첨되었어요. 흔히 좋기만 한 일이라고 생각하잖아요. 그러나 로또 당첨 이후 부부 사이가 멀어지거나 엉뚱한 사업을 벌여 순식간에 돈을 날리기도 하지요. 기쁜 일이라는 동전을 뒤집어보면, 그 뒤에 숨겨진 다른 의미도 찾을 수 있어요."

"아, 가난했던 동생이 돈을 잃은 위기가 가족과 함께할 기회가 된 것처럼 말이구나. 다른 이야기인 줄 알았는데 또 같은 이야기야. 다 연결되어 있네."

"우리 마음이 겪고 있는 상황을 다르게 해석하면 다른 과거로 기억될 수 있어요. 그러면 평소 부정적으로 느낄 수 있는 일들을 긍정적으로 바라볼 수 있는 유연함과 창의성이 생겨요."

"그래, 내가 어떤 생각에 집중하느라 수프를 먹었는데도 전혀 기억하지 못하는 것처럼, 내가 경험한 것이 다 믿을 만하고 옳은 것은 아닌 것 같아. 오히려 다양한 의견과 시선을 인정해야 같은 상황에서도 새로운 정보를 인식할 수 있나 봐."

"네, 맞아요. 마음 하나 바꾸는 것으로 다 가능하지요. 건조하게 느껴졌던 상황에서 아름다움을 발견할 수도, 행복을 느낄 수도 있어요."

우리는 식사를 마치고 식당에서 나왔다. 나는 선배를 로펌 사무실까지 태워다 주기로 했다. 차를 타고 지하 주차장을 나서는데 차에서 흘러나오는 음악처럼 파랗고 눈부신 하늘이 펼쳐졌다. 좌회전을 하니 내비게이션에서 고가로 올라가라는 표시가 나왔다. 우린 고가를 타고 언덕을 오르기 시작했다. 우리 앞에 새파란 하늘이 나타났다.

"아~ 날씨 좋다! 하늘 좀 봐 리온아."

선배가 창문을 열었다. 차갑고 상쾌한 바람이 따스한 햇살과 함께 차 안으로 쏟아져 들어왔다. 우리가 오르는 언덕의 찻길 끝과 흰 구름이 층층이 모여 있는 하늘이 맞닿은 그림이 연출되었다. 마치 우리가 흰 구름이 계단처럼 놓여 있는 파란 하늘 속으로 빨려 들어가는 느낌이었다. 나는 분위기에 맞는 음악으로 바꿔 틀었다. 음악이 상황과 어찌나 잘 어울리는지 가슴이 벅차오르기 시작했다. 선배는 음악의 볼륨을 높였다. 나는 운전석의 창문까지 활짝 열었다. 내쉬는 숨결에 하얀 김이 피어오르다 따스한 햇살에 금세 사라졌다. 불어오는 바람에 선배와 나의 머리카락이 흩날렸다. 심장이 두근거렸다. 나는 공기를 한껏 마셨다. 겨울 뒤에 오고 있는 따뜻한 봄의 냄새가 났다. 그때 선배가 말했다.

"내 마음이 바뀌어서 이렇듯 아름답게 보이는 건가? 아름답다고 느껴지는 순간 감사하단 생각이 드네."

선배는 행복해 보였다. 방금 전까지 암인 것 같다며 걱정하던 사람의 얼굴이 아니었다. 나는 그녀의 손을 잡았다. 달리는 차 안에서 우리는 흰 구름이 계단처럼 놓인 파란 천국으로 들어가는 기분을 느꼈다. 마치 함께 꿈을 꾸는 것 같았다. 짧은 순간이었지만 정말 행복하고 황홀했다.

"리온아, 이 하늘이 어제도 내 머리 위에 있었을 텐데 난 이제야 느끼네. 그동안 난 하늘을 눈으로만 봤나 봐. 이렇게 온몸, 온 마음으로 내 가슴에 담을 수도 있구나. 고마워. 하늘아, 고맙다."

* **두 번째 비합리적 신념**: 내가 본 것이 옳다. 고정된 시선으로 편향된 감각 사용.

→ 같은 대상을 다르게 바라보며 다채로운 경험을 쌓는다. 같은 상황에서 새로운 정보를 캐치한다.

긍정 에너지로 운을 끌어당긴다

2부

지금 '가진 것'에 집중해야 성장할 수 있다

두 달 후, 선배에게서 문자 메시지가 왔다.

"리온아, 지난번 너와 만난 날 모처럼 깊은 잠을 잤어. 다음 날 아침에 얼마나 기분이 좋던지. 그런데 며칠 지나지 않아 다시 불면증이야. 요즘 은행 이자 내느라 신경을 많이 써서 그런가. 흩어진 나를 모으기가 쉽지 않네. 아무래도 한 번 만나서는 안 되나 봐. 있잖아. 우리 사무실 근처에서 맛있는 점심을 먹고 같이 산책을 하는 건 어때? 정말 좋은 시간이 될 것 같아."

메시지를 읽는 동안 기분이 참 좋았다. 선배가 그동안 얼마나 노력했는지 느낄 수 있었다. 난 서둘러 선배를 찾아갔다. 우린 앞으로 매달 만나서 이야기를 나누기로 하고 사무실 근처를 걸었다. 길 건너 고층 빌딩을 중심으로 서쪽 하늘은 먹구름이 끼어 어둡고 동쪽은 새파랗게 맑았다. 비구름이 서쪽에서 동쪽으로 몰려오는 중인 듯했다. 그런데 선배에게 뭔가 답답한 일이 있는 듯 보였다.

"아우, 나 오늘 아침부터 열 받았잖아. 어젯밤 우연히 학원에서 받아온 아이 시험지를 봤는데, 세상에 열 문제 중 여섯 개를 틀렸더라. 과외비가 얼만데. 도대체 얘는 누구를 닮아서 머리가 나쁜 거니? 의지가 없어, 의지가. 그래서 내가 아들한테 반도 못 맞힐 거면 당장 과외 때려치우라고 했더니, 그것만 어려워서 못 본 거라며 문을 쾅 닫고 제 방으로 들어가는 거야."

"네 개를 맞혔네요."

"여섯 개나 틀린 거지. 열 문제 중에서 고작 네 개밖에 못 맞혔다니까."

누구나 더 가진 게 있으면 부족한 것도 있다. 그런데 선배는 '가진 것' 대신 '결핍'에 집중하고 있었다. 우린 수많은 '가진 것'을 놓친 채 한 가지 '결핍'에 주목하는 건 아닐까? 두 번째 안개를 거둬낼 차례가 되었다.

"선배, 우리 지난번 차 안에서 하늘을 보며 음악 들을 때 어땠어요? 저는 정말 행복했어요. 그건 내가 외부에서 값비싼 무언가를 얻은 기쁨이 아니라, 일상에서 이미 내게 있던 것으로부터 찾은 행복이었어요."

"응, 그래. 짧은 순간이었지만 음악과 불어오는 바람, 네가 해준 말들이 파란 하늘과 어우러지면서 색다른 느낌에 빠졌어. 네가 말한 대로 내가 마치 공상 영화의 주인공이 된 느낌이었거든. 차를 타고, 하늘 보는 거야 맨날 하던 일인데 말이야."

"선배 양송이 수프 좋아하잖아요. 그런데 지난번 식사 때 수프를 거의 먹지 않았다는 걸 기억하지 못하더라고요. 만약 그때 선배가 '나만 수프를 못 먹었구나'라며 '결핍'에 집중했다면 어땠을까요?"

"맞아, 나 양송이 수프 엄청 좋아하는데! 웃기는 소리 같겠지만, 나 음식에 남다른 애정이 있는 사람이야. 알지? 아마 남편이랑 있었다면 삐쳤을지도 몰라. 당신 혼자 맛있게 먹었냐면서."

"맞아요, 선배. 하지만 우린 '결핍'에 집중하는 대신 렌즈와 다양성에 관한 이야기를 나눴어요. 그건 매일 보던 하늘도 다르게 느낄 수 있다는 경험으로 연결되었지요. 긍정 에너지에 집중하면, 더 많은 긍정 경험을 끌어당길 수 있어요. 이를테면 '가진 것'의 에너지를 아이의 성적 이야기로 확장해볼까요?"

"'가진 것'을 확장한다고? 그런다고 우리 애 점수가 40점에서 100점으로 올라가는 건 아니잖아."

"시선을 우리의 결핍에서 가진 것으로 옮기면 돼요. 아이가 수학 문제를 틀린 게 아니라 맞혔다는 걸 발견하는 거죠. 당연하다고 생각했던 것들, 이미 자신이 가진 것을 새롭게 발견하는 거죠."

"맞혔다는 사실에 초점을 맞추라고? 그냥 '여섯 개를 틀렸구나'가 아니라 '네 개나 맞혔구나', 이렇게?"

선배는 눈을 굴리며 생각하려 애쓰는 것 같았다.

"선배, 우리가 '결핍'에 집중하는 이유는 조급한 마음 때문이에요. 부족한 것을 빨리 채워 지금보다 더 나아지고 싶다는 욕심에 사로잡히는 것이지요. 사람들은 더 나은 내일을 위해서 지금은 자신이 모자라지만 참고 열심히 노력해 부족한 부분을 채워야 한다고 생각해요."

"나의 부족한 부분을 채우기 위해 열심히 노력하는 건 당연한 일 아냐? 아무리 생각해도 미덕 같은데. 수학 문제를 여섯 개나 틀렸으면 열심히 공부해서 점차 그 숫자를 줄이기 위해 노력해야지."

"선배가 지금 한 말의 핵심적인 사고는 무엇일까요? '나는 뒤처진다', '남들보다 부족하다'예요. 그럼 여기서 핵심 감정은 무엇일까요? 자신이 낙오될까 봐 걱정하는 두려움, 빨리 부족한 것을 채워야 한다는 조급함이에요. 이 모든 것은 현재의 자신을 부정하는 전제가 깔려 있어요. 자신을 부정하면서 시작하는 일이 쉽게 흘러가고 잘될 수 있을까요?"

"흠. 난 어릴 때 찢어지게 가난했지만, 악착같이 공부하고 일해서 결국 지금 이만큼 성공했잖아. 노력은 배신하지 않는다고 생각해."

"노력하지 말라는 말이 아니에요. 똑같은 노력을 기울이더라도 그 과정에서 자신의 마음가짐을 결핍에 집중하며 불안해하지 말란 소리지요. 자신의 부족함에 집중하면서 스스로를 채찍질하다

보면 자연스레 남과 비교하게 돼요. 결국 실패할까 두려워서 더욱 더 자신을 채찍질하지요."

어느새 우린 사무실 앞에 도착했다. 선배는 횡단보도 앞에서 걸음을 멈추고 나의 이야기에 집중했다.

"그러나 편안하게 마음을 먹으면 모든 에너지를 노력하는 과정 전체에 고스란히 쏟을 수 있어요. 선배가 긍정의 마음가짐으로 노력해보지 않아서 모를 뿐이에요. 이게 얼마나 더 큰 행운을 가져오는지를."

"더 큰 행운을 가져온다고? 그럼 내가 편안한 마음으로 열심히 살았다면 더 빨리 더 큰 성공을 거뒀을지도 모른단 거네? 하긴 나는 1등을 해도 그 순간만 잠시 기쁠 뿐, 다시 다음 시험 걱정에 마음이 조급해졌어. 시험 날 아침이면 배가 아팠지. 밤새 잠을 못 잤거든."

"'유리잔에 물이 반밖에 없구나'라는 생각을 '반이나 있구나'라는 생각으로 시선만 바꾸어도 마음에 평화가 찾아와요. 그 마음가짐으로 노력하면 육체와 감정, 사고의 순환이 잘되면서 자연스레 더 나은 결과로 이어질 수 있지요."

"그런데 네 개를 맞혔다는 데 집중하다가 아들에게 엄마로서의 피드백을 제때 주지 않아 애가 산으로 가버리면 어떡해? 돈이야 내가 긍정적인 마음을 먹고 집중하면 더 벌 수 있을 것 같은데, 자식 키우는 일은 그렇게 간단하지가 않잖아."

불안 때문인지, 아니면 하늘에 먹구름이 잔뜩 끼어서인지 선배의 표정이 어두워 보였다. 산책 초반에 건너편 빌딩 위로 보였던 어둡고 맑은 하늘 중 어느새 우린 어두운 하늘 밑에 와 있었다. 겨우 몇 걸음 차이인데 하늘의 명암이 이렇게 다르다니, 마치 우리의 인생 같다는 생각이 들었다.

"그럼요 선배. 저도 딸을 키우는걸요. 누구나 부모로서 자식을 잘 키우고 싶지요. 우리 저 위 하늘을 한번 봐요. 좀 전에는 분명 새파랗게 맑은 하늘이었는데, 지금 우리는 먹구름이 낀 어두운 하늘 아래 있네요. 선배는 둘 중 어떤 하늘이 더 좋아요?"

"당연히 파란 하늘이지. 먹구름 낀 컴컴한 하늘을 좋아하는 사람이 어디 있겠니?"

"그렇지 않아요. 선배는 방금 '좋아한다'라는 표현을 했어요. 그건 '옳다'는 말과 달라요. 자, 생각해봐요. 우린 누구나 이 땅에 태어날 때부터 나름의 사명을 가지고 온대요. 보잘것없고 소중하지 않은 이는 없어요. 하지만 많은 사람이 자신의 사명을 모른 채 흘러가는 대로 살아요. 자신만의 고유한 색을 펼치지 못하는 삶이 과연 행복하고 효율적인 성과를 낼 수 있을까요?"

"그건 그렇지만 좋아하는 것과 잘하는 것은 다르잖아. 자식이 현실 세계를 잘 헤쳐 나가려면, 부모로서 현실에서 잘 살아갈 수 있는 길을 조언해줘야 해. 어떻게 좋아하는 것만 하면서 살 수 있니."

"맞아요. 선배 말이 정확히 맞아요. 그런데 조언을 해주는 방법에 문제가 있을 수 있어요. 이건 소통의 문제예요. 내가 생각하기에 '옳은 것'과 '잘난 것'이 늘 맞다고 볼 순 없어요. 미국의 100달러짜리 지폐에 새겨진 '벤저민 프랭클린' 알죠? 인쇄 사업, 과학 발명, 도서관 설립부터 영국의 식민지였던 초기 미국의 독립을 이끌기까지 그가 이룬 다양한 업적에서 우린 그가 호기심과 열정이 많은 사람이었다는 걸 알 수 있어요. 그가 남긴 '긴 인생은 충분히 좋지 않을 수도 있다. 그러나 좋은 인생은 충분히 길다'라는 명언에서는 긍정의 에너지가 느껴지고요. 저는 그 사람이 파랗고 청명한 저 하늘 같아요."

나는 선배와 나의 머리 위, 먹구름 짙은 하늘을 올려다보며 다시 말을 이었다.

"그럼 마틴 루터 킹은 어때요? 난 그의 인생이 구름 한 점 없는 새파란 하늘처럼 느껴지진 않아요. 억압받는 흑인들을 대표해 사회의 편견을 딛고 일어선 위인이니까요. 하지만 더 나은 사회를 만들었고 노벨 평화상까지 받았지요. 어찌 보면 그가 걸은 길은 우리 머리 위에 있는 하늘처럼 먹구름이 가득한 삶이었을지도 몰라요."

우린 서쪽으로 이동하는 먹구름을 바라보았다. 곧 저 파란 하늘도 먹구름으로 덮일 것이다.

"선배, 세상에 새파란 하늘만 있다면 곡식은 다 말라죽을 거예요. 먹구름이 끼고 어두워져야 충분한 비가 내리지요. 그렇다고 비가 계속 내린다면 홍수가 나겠지요. 그래서 세상엔 맑은 하늘 같은 사람도, 어두운 하늘처럼 태어난 사람도 있는 거예요. 우주는 다양한 것이 조화롭게 순환되는 곳이니까요."

"그건 그렇지."

"자신이 가진 씨앗을 그대로 꽃피울 때 우린 가장 행복하고 성공할 수 있어요. 문제는 많은 사람이 자신이 어떤 씨앗인지를 잘 모른다는 거예요. 단지 그것뿐이에요. 시선이 자꾸 외부를 향해 있고 자기 안을 들여다보지 않으니 자신을 알지 못해서 그래요."

"내가 옳다고 생각하는 것들이 사실 나만의 생각이고 편견일 수도 있다는 거네. 내가 파란 하늘이 좋고, 옳다고 생각했던 것처럼 말이야."

"맞아요. 부모로서, 인생의 선배로서 자식에게 적절한 조언을 해준다는 건 정말 좋은 일이에요. 다만 그 조언의 밑바탕에 '결핍'으로 인한 조급함과 불안함이 깔려 있지는 않은지, 상황을 전체적인 맥락에서 올바로 보고 판단한 것인지를 살펴야 해요. 일방통행의 자세를 내려놓고 있는 그대로 소통하다 보면, 자신을 더 많은 '가진 것'으로 확장할 수 있어요. 그 에너지의 힘은 무한해요 선배. 자신에 대한 믿음을 가져봐요."

우린 사무실이 있는 건물 안쪽으로 다시 걷기 시작했다.

"그래. 내가 시킨다고 아들이 전부 따라주는 것도 아니지. 앞으로는 '우리 아들이 수학 문제 네 개를 맞혔구나. 다음에는 다섯 개, 열 개까지 맞히겠구나' 하고 생각할래. 꼭 수학 문제가 아니어도 다른 분야에서 잘할 수도 있으니까. 가진 것에 감사해야겠다."

"현재에 안일하게 만족하고 멈추라는 게 아니에요. 자신의 '가진 것'을 찾으면서 불안을 내려놓고 에너지를 과제에 온전히 집중하면 돼요. 게다가 그 과정에서 감사하는 마음이 생기고 상대방의 장점이 보여요. 자연스레 칭찬을 하게 되고요. 그리고 상대방은 자신에 대한 긍정적인 믿음이 생기고, 믿음은 목표로 나아가는 원동력이 되지요. 긍정이 더 많은 긍정으로 확장되는 거예요."

* **세 번째 비합리적 신념**: 결핍에 집중하며 더 가지기 위해 노력해야 성장할 수 있다.

→ 내가 가진 것을 다시 발견한다. 감사하는 마음이 생긴다. 불안은 줄고 긍정 에너지는 커진다.

세상에서 가장 쉬운 명상법, 산책 명상

다음 날 아침, 선배와 나는 공원에서 만났다.

"여기서 보니까 더 반갑다."

"저도요 선배. 반가워요. 저는 매일 아침 아파트 산책길을 걸어요. 어제도 오늘도 같은 길을, 같은 시간에 매일 걷지요. 오늘 선배 동네에서 이렇게 만나 산책을 하니 참 좋네요."

"매일? 너희 아파트 산책로는 좀 색다르니? 같은 곳을 혼자 매일 걸으면 좀 지겹지 않아?"

"몸이 아파 직장을 쉬게 된 여름이었어요. 처음엔 몸이 아픈 제 자신에 대한 사랑의 표현으로 매일 7분씩 걷기 시작했어요. 비가 오거나 미세먼지가 심하거나 몸이 아파 꼼짝하지 못하겠는 날도, '나를 사랑하러 가자!' 하면서 하루도 빠짐없이 산책길을 나섰어요."

"너 많이 아파서 방에서 잘 나오지도 못했다고 그랬지?"

"네. 한여름에 추워서 온몸이 떨리는데도 열이 나고 식은땀이

줄줄 흘렀지요. 그 몸으로 혼자 아무도 없는 길을 걸었어요. 왼발, 오른발, 왼발, 오른발. 언덕을 오르는 내 발걸음을 보면서요. 자연스레 '목 뒤가 결리네, 어제 그 일은 잘 해결되려나, 내일 동생한테 전화를 해야겠구나, 세금을 몇 월에 냈더라' 이런저런 생각이 나더라고요."

"그건 나랑 똑같네. 어떨 땐 생각에 빠져 옆에서 누가 나를 불러도 몰라."

"맞아요. 별 생각도 아니었지요. 그런데 그 별것 아닌 생각들이 제 머릿속을 쉬지 않고 메웠어요. 그러다가 속상한 일이라도 생각나면, 편안히 좀 쉬고 싶은데 그 일이 꼬리의 꼬리를 물고 자꾸 떠올랐고요. 심호흡을 하거나, 다른 생각으로 주의를 환기하려 해도 좀처럼 잘되지 않았지요. 내 머릿속 생각 하나 마음대로 어쩌지 못하는 나 자신이 한심했어요."

"너도 그렇구나. 나 얼마 전에 인터넷에 나오는 명상법을 찾아서 한번 따라 해봤거든. 그런데 왜 이렇게 잡념이 자꾸 떠오르니. 결국 며칠 하다가 포기했어."

그때 참새 무리가 공원 벤치 위로 날아오르며 예쁜 목소리로 지저귀었다.

"제가 산책을 한 지 한 달쯤 되었을 때였어요. 산책 중에 어떤 소리를 들었어요. '딱. 딱. 따다다다다다닥!' 아파트 뒷산에서 꽤 큰 소리가 또렷하게 들렸지요. 그건 바로 딱따구리 소리였어요."

"엥? 아파트에서 웬 딱따구리? 너희 집 뒤가 산이어서 그런가?"

"신기해서 걸음을 멈추고 휴대폰을 꺼내 녹화를 했어요. 그렇게 듣다 보니 저도 모르게 얼굴에 미소가 번지는 거예요. 딱따구리 소리 처음 들어봤거든요. 당장 확인하러 가보고 싶을 정도로, 나무 찍는 소리가 맑고 경쾌했어요. 내가 아픈 게 당연한 일인 양 하루하루 지쳐가고 있을 때인데, 진귀한 딱따구리 소리를 듣는 순간 잠시 모든 걸 잊고 행복해했어요."

나는 선배에게 그 당시 녹화한 동영상을 찾아 딱따구리 소리를 들려주었다.

"기쁨에 젖어 새가 나무 찍는 소리를 듣고 있는데 갑자기 소리가 멈췄어요. 저는 딱따구리 소리가 다시 들리길 기다리며 서 있었지요. 아파트에서 만난 딱따구리 소리가 고통에 지친 저를 찾아와준 신기한 선물 같았거든요. 그런데 그때 저는 딱따구리 소리보다 훨씬 더 놀라운 발견을 했어요."

"어머. 뭘 발견했는데? 뭐, 독수리라도 날아왔어? 하하."

나는 걸음을 멈추고 공원을 천천히 둘러보며 말을 이었다.

"딱따구리 소리를 기다리느라 유심히 주변 소리에 귀를 기울였어요. 그러자 다양한 소리가 들리기 시작했어요. '찌르르륵, 짹짹', '까악 까악', 다른 새소리와 바람 소리, 나뭇잎이 바람결에 부딪치는 소리…. 늘 그 자리에 있었던 수많은 소리를 그제야 알아차린 거예요."

선배는 입을 벌리고 고개를 크게 끄덕였다.

"이렇게 많은 것이 있었는데 어떻게 그동안 몰랐을까 하는 생각이 들었어요. 내 곁에 당연하지만 감사한 것이 늘 가득했다는 걸요."

"그래서?"

"그래서 저는 망부석처럼 그 자리에 서서 저 멀리 산도 보고, 머리 위 나무의 새 둥지도 보고, 그 사이를 날아가는 새들도 보았어요. 하늘의 색이 어디는 주황이고 어디는 새파랗고, 구름이 겹쳐졌다가 다시 펼쳐지며 움직이고. 마치 모두가 각자의 소리로 울려 아름답게 조화를 이루는 교향곡 연주 같았어요. 소중히 간직하려고 제 가슴에 담았지요."

선배는 내 말이 끝나자마자 주변을 둘러보기 시작했다. 그러곤 눈을 감았다. 선배를 둘러싸고 있는 많은 것을 귀로 들으며 느끼는 것 같았다.

"그러네. 정말 바람 소리랑 바람이 나뭇가지 사이로 지나가는 소리가 들리네. 난 이걸 여태 몰랐구나. 난 늘 있던 것들을 너무 당연하게 생각하는 것 같아. 언제든지 가질 수 있는 흔한 것이라 소중한 줄 모르나 봐. 막상 알아차리고 하나씩 느껴보면 이렇게 색다르고 아름다운데 말이야."

"맞아요. 저는 산책을 하면서 붕 떠 있는 나를 수렴하는 법을 배

웠답니다. 쉬워요. 걷는 데 최소한의 에너지를 쓰면서, 같은 산책길에서 어제와 다른 점을 발견하는 거예요. 그러면 어느새 머릿속을 채웠던 수많은 생각으로부터 자유로워지더라고요. 자연스레 복잡한 머리를 비우고 현재에 머무를 수 있어요."

그때 선배가 어딘가를 손으로 가리키며 말했다.

"오감을 열라고? 아, 리온아, 저 산자락 끝부분을 봐봐. 산과 맞닿아 있는 하늘은 새파랗지가 않아. 주황색 물감을 살짝 섞은 것 같아. 별것 아닌데 아름답다고 느껴지는 순간, 뭐랄까…. 걱정을 내려놓고 안심이 되면서 감사한 마음이 생겨."

"맞아요. 감사는 불안의 해독제이지요. 선배는 벌써 10분 전의 자신과 다른 사람이 되었네요. 매일 같은 길을 걸어도 다른 아름다움을 발견할 수 있어요. 오히려 같은 산책길을 반복해서 걷다 보면 주변에 시선을 덜 빼앗겨 자신의 내면으로 집중하기가 수월해요."

"그래. 딱따구리 소리만 신기하고 귀한 게 아니지. 비둘기나 참새도 흔하지만 자세히 보면 새롭고 진귀한 것일 수 있어. 너 아프길 잘했다. 그로 인해 우리가 이렇게 산책을 하면서 감사와 행복을 나눌 수 있잖아."

"정말로요! 산책을 하면서 저는 저의 아픈 몸에 감사하게 되었어요. 만약 제가 그토록 죽을 만큼 아프지 않았더라면, 제 자신을 적극적으로 사랑하고 돌보기로 마음먹었을까요? 아닐 거예요. 비록 과거의 저는 앞이 보이지 않을 만큼 고통 속에서 허우적댔지만, 그 시간이 없었다면 결코 지금의 제가 없었을 거예요. 어찌 보면 고통은 기쁨의 시작인 것 같아요."

"그래. 오늘 아침까지만 해도 누가 내게 매일 산책을 한다고 말했다면, 할 일 없는 한가한 인간인가 보다 했을 거야. 뭔가 열심히 했다는 느낌이 팍팍 드는 어려운 운동도 아니고. 바빠 죽겠는데, 시답잖은 산책이라니 쓸모없어 보이고 귀찮으니까."

"산책길에서 오감을 활짝 열고 어제와 다른 점을 발견하다 보면 자신도 모르게 차단되었던 깊은 곳이 자연스레 열릴 거예요. 새롭고 멋진 곳이 아니어도 돼요. 늘상 있던 별것 아닌 것들로부터 소소한 아름다움을 찾는 거예요. 소소한 행복은 자극적인 환경에 노출된 우리의 거친 파동을 섬세하고 부드럽게 바꿔준답니다."

"그래. 나 너와 함께 걷고 있는 이 공원을 매일 걸을게. 네가 말한 대로 호기심을 가지고 오감을 활짝 열어 온전히 느끼며 걸을게. 보고, 듣고, 맡으면서 이미 내가 가진 수많은 '가진 것'을 발견하고 가슴에 담을 거야."

"내가 겪는 고통이 사라지고, 내 머릿속의 생각들이 조용해져야 내가 여유롭게 주변을 돌아볼 수 있는 게 아니더라고요. 매일 같은 시간에 같은 곳을 산책해보세요. 산책 명상의 효과가 선배의 일상으로 조금씩 퍼질 거예요. 그러면 선배의 아우라도 점차 바뀔 수 있어요."

"그래. 해볼게. 매일 하다 보면 브레이크 밟을 때를 계산하지 않아도 자연스레 운전을 하고 자전거를 타듯이, 뭔가 자연스러운 나의 리듬이 생기겠지. 아무리 귀찮아도, 별것 없이 시시해 보여도. 그때마다 '나 자신을 사랑하러 가자!' 이렇게 생각할 거야. 고마워."

* **네 번째 비합리적 신념**: 복잡한 내 머릿속은 당연하다. / 산책은 지루하다.

→ 오감을 열고 산책을 해보세요. 차단된 나를 자연스레 열면 복잡한 사고 활동은 줄어들어요.

긍정 에너지
확장 법칙

'가진 것'에 집중하면 더 많은 긍정 에너지가 생깁니다.

빛의 자리에 더 많은 빛을 채우다 보면 그 빛이 넘쳐흘러 주변의 어둠까지 밝힙니다.

긍정 에너지는 점차 확장됩니다.

· 물이 많고 높은 곳에서 적고 낮은 곳으로 자연스레 흘러 부족한 곳이 채워집니다.
· 공기가 많이 모여 있는 곳에서(고기압) 공기가 덜 모여 있는 곳으로(저기압) 바람이 불어 자연스레 공기가 덜한 곳이 채워집니다.

이처럼 우주의 만물은 끊임없이 전체적으로 연결되고 상호작용하며 평형을 찾아갑니다. 외부의 상황이 변하면, 능동적으로 변화를 받아들이고 다시 새로운 평형을 찾아가지요. 이것은 우주가 본래 갖고 있는 힘이며 자연의 이치입니다.

영원한 것은 없습니다. 당신의 부족함이 영원히 지속될까 두려워할 필요가 없습니다. 오히려 당신이 가진 것에 집중해서 '가진 것'을 더 많이 채우다 보면 그것이 넘쳐흘러 자연스레 부족한 곳을 채웁니다. 물이 넘치면 메마른 곳까지 흘러가 적시게 되는 것처럼요.

이 세상에 모든 것을 다 가진 완벽한 사람은 없습니다. 누구나 '결핍'과 '부족함'

이 있습니다. 남과 비교하면서 부족하게 느끼는 내가 존재할 뿐이지요. 당신이 불안하고 걱정이 되는 이유는 사실은 정말 없어서 그런 것이 아닙니다. 영원히 없게 될까 봐, 또는 없음으로 인해 다칠까 봐 두려워서 그렇습니다. 하지만 부정의 에너지는 반드시 부정의 것을 끌어당깁니다. 결핍에 집중하는 자세는 계속해서 불안을 만들기 때문에 목표에 쏟아야 할 에너지를 분산시켜요. 그래서 온전히 목표에 집중할 수 없습니다. 가지고 싶던 것을 가진 이후에도 여전히 목마르지 않았나요? 여전히 자신이 부족해 보이진 않았나요? 자신의 부족함에 집중하고 더 채우기 위해서 달리고, 외부에서 가져다 채우려고 애쓴다 한들 만족은 좀처럼 이뤄지질 않습니다.

"가진 것에 집중하세요"라는 말은 성실하게 사는 당신을 꼬드기는 악마의 속삭임이 아닙니다. 현재에 만족하며 배 깔고 누워서 태만하게 놀라는 소리가 아니에요. 당신이 현재 가지고 있는 것으로 시선을 돌림으로써 불안을 내려놓고, 긍정 에너지를 끌어올려 목표에 좀 더 집중하라는 겁니다.

빠른 문제 해결, 더 큰 성공, 평온한 행복을 원한다면 '결핍'으로부터 '가진 것'으로 시선을 돌리세요. '가진 것'은 감사를 부르고 긍정의 에너지를 일으킵니다. 내 밖의 어둠이 문제가 아니라, 내 안을 빛으로 먼저 채우면 됩니다. 가진 것이 가득 차 넘쳐흐르면 자연스레 주변의 어둠과 부족한 자리까지 흘러가 채웁니다. '가진 것'의 긍정 에너지를 점차 당신의 전반적인 영역으로 확장시키세요.

내가 있는 곳이 칠흑같이 어둡다면, 내가 빛나면 됩니다

어제 선배에게 '긍정 에너지 확장 법칙'이라는 제목의 이메일을 보냈다. 그걸 읽은 선배에게서 전화가 왔다.

"리온아, 며칠 전 엄마가 나더러 오빠에게 금전적인 도움을 주라고 연락을 했어. 사실 내가 오빠네 도와준 게 한두 번이 아니야. 나도 로펌이 아직 자리를 잡지 못해서 경제적으로 너무 버겁거든? 엄마는 어릴 적부터 아들인 오빠만 예뻐했어. 자꾸 화가 나. 오빠랑 엄마가 너무 미워. 가족끼리 그러면 안 되는데, 이런 내가 나쁜 사람인 거지? 네 이메일을 읽는데, 나는 영원히 너처럼 행복할 수 없을 것 같은 거야."

선배가 자기 내면을 바라보기 시작했다는 생각이 들었다. 나는 한동안 말없이 그녀의 이야기를 들었다.

"제가 선배였다면 정말 속상했을 것 같아요. 그런데 선배, 나쁜 사람이라니요. 미운 감정도 선배의 소중한 일부예요."

"하지만 직장 상사를 미워하는 것과 부모님을 미워하는 건 다르잖아. 너무 밉고 죽을 것처럼 괴롭지만, 또 동시에 그런 마음이 드는 것만으로도 죄책감이 들어. 가족이니까 이해하고 용서해야 하는 거 아니니?"

"어른이 되어보니, 과거 내 부모가 처했던 상황이 어느 정도 이해가 되긴 해요. 하지만 그건 머리로 아는 거예요. 마음으로 자연스레 이해하고 용서하는 건 다른 문제예요. 부정적인 감정이 올라와도 인정해주고 충분히 느끼세요."

"울면서 엄마에게 오빠만 자식이냐고 이야기한 적이 있어. 그런데 우리 엄만 남편 없이 자식 키우느라 본인이 얼마나 힘들었는지를 이야기하더라고. 그러면 나만 또 나쁜 딸이 돼. 아무래도 우리 엄마는 날 사랑하지 않나 봐. 나는 괜히 태어났어."

선배의 고민은 우리 대부분이 겪는 아픔이었다. 나는 가슴이 저렸다.

"리온아, 난 어떻게 해야 하는 거니? 내가 엄마 옆에 살면서 얼마나 살뜰히 챙긴다고. 그런데 엄마는 오빠 생각뿐이야. 내가 더 잘해야 하는데 부족해서 그런 걸까?"

"어머님이 선배와 오빠를 대하는 게 그렇게 다르고 상처를 받는데도 왜 선배는 자꾸 어머니에게 더 잘하려고 노력하는 걸까요?"

"그러게. 왜 그렇지? 엄마가 나를 내칠수록 자꾸 더 엄마를 찾게 돼."

"왜 어머님이 선배를 내칠수록 더 엄마에게 다가가려는 걸까요?"

한동안 정적이 흘렀다. 전화기 너머로 선배의 숨소리만 들렸다.

"아마… 그건 아마도… 내가 이렇게 하면 엄마가 나를 이제라도 바라봐 주지 않을까 싶은가 봐."

선배는 울고 있었다. 그리고 자기 행동 이면에 숨겨진 이유를 스스로 찾았다.

"선배 말처럼, 어릴 때 엄마에게 못 받았다고 느끼는 사랑의 빈자리를 어른이 된 지금이라도 받고 싶은 것일 수 있어요. 몸도 머리도 어른이 되었지만 가슴엔 아직 상처받은 어린아이가 있는 거예요."

선배는 그동안 억눌러왔던 감정을 대면하자 그것이 폭발했는지 엉엉 울기 시작했다. 나는 선배가 충분히 감정을 표출할 때까지 마음속으로 응원하며 기다렸다가 나의 이야기를 하기 시작했다.

"선배와 똑같지는 않지만 저희 집도 많은 어려움이 있었어요. 엄마는 외조부모님과 떨어져 자라면서 부모님과 관계를 맺을 기회가 적었지요. 그 빈자리를 친구들과 어울리며 채웠어요. 아버지는 손이 귀한 집안의 아들로 귀하게 자라면서 어려움을 극복하는 법을 배울 기회가 없었어요. 아버지는 사업하다 망하고 회피하길 반복했고, 엄마는 그때마다 양쪽 부모의 도움으로 문제를 해결하곤 했지요."

"그랬구나. 네 가족 이야기는 처음 듣는 것 같아. 넌 대학생 때도 늘 밝아서 부족함 없이 자란 줄 알았어."

"네. 결국 부모님은 자기 안에 있는 해법을 스스로 발견할 수 있는 기회를 놓쳤어요. 원인이 해결되지 않으니 문제는 반복되었어요. 어느 부모나 부족함이 있어요. 모든 사람은 단점이 있지요. 하지만 그 단점은 곧 장점이 되기도 해요."

"글쎄다. 난 우리 부모님의 단점이 어떻게 장점이 될지 모르겠는데. 네가 우리 부모님을 몰라서 그래."

"저희 아버지는 반복되는 실패에도 다시 밝게 일어서서 새로운 일을 시작했어요. 낙천적이고 긍정적인 성품은 아버지의 장점이에요. 아버지가 비관해 극단적인 선택을 하셨더라면 우리 가족은 분명히 더 힘들었을 테니까요. 엄마는 늘 친구분들에게 인기가 많았어요. 바쁜 아버지가 자주 자리를 비우셔도 최선을 다해 우리 남매를 키워주셨지요. 그 덕에 우리 가족은 서로를 위하는 마음을 가질 수 있었어요."

선배는 나의 말을 듣고 잠시 생각에 잠기더니 이렇게 말했다.

"가족 관계도 결국 내가 '가진 것'을 발견하는 거였구나! 내 부모에게 받은 상처와 나의 슬픈 감정은 사실이지만, 그 안에 장점도 존재한다는 거잖아. 그런데 리온아, 내가 혼자 장점을 발견하면 뭐 하니. 엄마는 바뀌지 않고 아버지는 돌아가시고 없는데. 결국 난 노력해도 우리 부모한텐 내가 원하는 사랑을 받을 수 없을 거야."

세월의 힘이란 참 무섭다. 오랜 세월 어떤 생각으로 어떤 행동을 반복하다 보면, 그것이 절대 진리인 양 다른 대안은 불가능한 것처럼 느껴진다.

"우리 부모님만 그런 거니? 나도 엄마 자식이잖아. 딸이 이렇게 울면서 엄마 때문에 아프다고 하면 그냥 좀 미안하다고 하면 안 되니? 아무래도 난 우리 엄마한테 내가 원하는 말을 들을 수 없겠지? 난 앞이 캄캄해 리온아. 불빛 하나 없는 곳에서 혼자 쓰러지고 부딪히며 걷는 기분이야."

"선배, 어둠 속에서도 다치지 않을 수 있어요. 내가 있는 곳이 칠흑같이 어둡다면 내가 스스로 빛나면 돼요."

선배는 아무 말도 하지 않았다.

"저희 엄마는 최근까지 원인 모를 병을 수년간 앓았어요. 의사들은 고칠 수 없다고 했어요. 결국 저는 지쳤고, 이제 포기해야 하나 하는 생각에까지 이르렀어요. 그러던 어느 날 제 자신을 들여다보니 놀랍게도 제 깊은 곳에 엄마에게서 받은 저의 어릴 적 상처가 시커멓게 숨 쉬고 있었어요."

"상처라고? 너희 부모님도 다른 형제만 예뻐하셨어?"

"제가 고등학교에 다니는 3년간 교우 관계에서 어려움을 겪은 사실을 알면서도 엄마는 제게 '괜찮니?'란 말 한마디조차 하질 않았거든요. 저는 착한 딸이 되어 겉으론 엄마와 잘 지냈지만, 정작 마음속으로는 멀어져 있었더라고요. 저의 어릴 적 상처를 마주하니 고통스러웠어요. 다 지난 일인데, 어린 시절의 상처 가지고 어른인 내가 왜 이런 감정을 느끼는지 이해되질 않았지요."

전화기 너머 선배는 숨죽여 나의 말을 듣고 있었다.

"그런데요, 선배. 그동안 외면했던 저의 고통스러운 감정을 끝까지 느끼니까 마치 뱃속에 있던 체기를 전부 토해낸 기분이었어요. 게다가 그 과정에서 엄마도 외할머니에게 받은 상처가 있다는 걸 알게 되었지요. 자연스레 엄마를 이해하고 가슴으로 용서했어요. 아팠던 어릴 적 나 자신과 화해를 한 거예요."

"너희 어머니가 우리 엄마랑 달라서 가능한 게 아니고? 우리 엄만 나를 사랑하지 않는 것 같다니까."

"선배는 어머니가 자신을 사랑하지 않는 것 같다는 말을 하지만, 아니에요. 어머니는 선배를 사랑하세요."

선배는 아무 말이 없었다.

"부모님도 그들의 부모에게 받은 상처와 해결하지 못한 문제가 있어서 그래요. 그것이 자식에게 전달된 거예요. 상처는 대물림되거든요. 부모가 처한 상황에 휩쓸려 미숙한 존재로 미숙한 선택을 하고, 그래도 되는 줄 알았을 뿐, 사실 모든 부모는 자식을 사랑해요."

애써 침착함을 유지하던 선배는 다시 울음을 터뜨렸다. 그녀의 깊은 곳이 움직이는 것 같았다.

"제 안에서 용서와 화해를 한 후 다시 엄마를 보았어요. 그런데 송두리째 달라진 점이 한 가지 있어요. 그건 바로 제가 뿜어내는 저의 아우라가 긍정 에너지로 가득한 거예요. 엄마를 바라보는 제 눈빛, 저의 말투와 목소리 톤, 대화에 쓰는 단어들, A라는 말을 하기 전에 자연스레 B라는 행동을 하는 여유 등, 저의 모든 것이 달라졌어요."

"세상에나. 가랑비에 옷 젖듯이 말이구나."

"그리고 엄마는 이것을 분명히 느끼셨어요. 저의 따뜻한 변화는 엄마와 저 사이의 벽을 조용히 녹이고 있었어요. 놀랍게도 엄마는 점차 제 말에 귀를 기울이기 시작했어요. 우리 모녀간의 끊어진 연결선이 서서히 이어지고 있었던 거예요."

"아, 정말? 네가 바뀌니까 어머니도 점차 바뀌기 시작했다고?"

"어느 날 저는 엄마의 눈을 보며 이렇게 말했어요. '엄마, 엄마가 그동안 함께해주셔서 내가 어려운 길을 잘 헤쳐나갈 수 있었어요. 옆에 이렇게 늘 있어주셔서 감사해요. 사랑해요.' 저의 온 마음을 다해 엄마에게 사랑을 전했어요. 그리고 엄마를 꼭 안았어요. 그런데 다시 엄마를 바라보니, 엄마는 울고 있었어요. 자신이 아파서 미안하다면서요. 저는 반대로 엄마가 저 때문에 아프다며 자책하고 있었는데 말이에요."

나는 당시 기억이 되살아나 목이 메었다.

"나도 눈물이 난다. 나의 긍정 에너지를 사랑하는 사람들과 함께 나누면 그들의 삶도 바뀔 수 있구나."

"맞아요. 우리가 깊은 곳의 상처를 치유할 때 얻는 긍정 에너지는 상대방의 마음을 움직이는 힘이 있어요. 내 상처는 나의 에너지를 꼬이게 만들고 비틀지만, 치유되면 나는 순수한 사랑으로 차오르거든요. 나를 사랑하며 치유하고 나를 다시 세우는 건, 결국 상처받았고 상처받을까 봐 두려운 세상 모든 것과 내가 화해하는 과정이에요."

"그럼 난 이제 무엇을 해야 할까? 아무리 어두운 곳에 있어도 내가 빛나면 된다고 했잖아. 그러면 나를 먼저 일으켜 세워야겠네?"

"네, 선배. 우린 눈을 가리던 안개를 많이 거둬내고 있어요. 이렇게 점차 선배 마음에 힘이 생기면 결국 선배에게 맞는 것과 올바른 것이 무엇인지 알 수 있어요. 단번에 되지는 않더라도 언젠가는 가족들에게 선배의 마음이 전달될 날이 올 거예요."

"그래, 네 이야기를 들으니 마음이 많이 편안해졌어. 우선 내 안을 긍정 에너지로 채워볼게. 고마워."

그녀는 앞으로도 많은 시간 동안 잠을 이루지 못할 것이다. 하지만 선배는 점차 자신의 땅을 향해 가고 있다. 언젠가 자신을 고유한 빛으로 가득 채워 주변의 어둠까지 밝힐 수 있을 것이다.

* **다섯 번째 비합리적 신념**: 부모님은 날 사랑하지 않는다. / 남을 바꿔야 한다.

→ 부정적 감정을 바라봐야 흘려보낼 수 있다. / 내가 먼저 바뀌어야 상대방도 변할 수 있다.

보이지 않는 에너지의 비밀

날씨가 꽤 더워진 늦은 봄. 선배가 내 차의 문을 열고 타는데, 그녀에게서 고춧가루와 액젓 냄새가 났다.

"선배 김치 담갔어요? 차에 타니까 겉절이 냄새가 확 나네요."

"어머, 냄새나니? 나 요즘 유튜브로 요리 배우는데, 오늘 아침에 봄동으로 김치 좀 담가봤어. 정말 재밌더라. 처음 해보는 거라 한참 걸렸는데, 그래서 옷에 냄새가 배었나 봐!"

자동차 라디오에서 1998년에 히트한 '오락실'이란 노래가 나왔다. IMF 금융 위기로 수많은 사람이 어려움을 겪던 그때, 슬픈 가장의 현실을 어린 자녀의 눈으로 해석한 노래였다. 문득 차창 밖으로 '임대'라고 쓰인 공실 상가가 꽤 많이 보였다. 뉴스엔 치솟은 물가와 급격히 인상된 금리에 어려움을 겪는 사연, 늘어난 경매에 대한 소식이 부쩍 늘었다. 예상보다 길어진 코로나 사태로 지친 우리가 연달아 감당하기엔 쉽지 않은 현실일지 모르겠다. 노래의 배경이었던 그때와 지금이 비슷한 면이 있다는 생각이 들었다. 옆에서 노래를 듣던 선배가 말했다.

"IMF 겪은 지 20년이 넘었는데 이 노래를 듣다 보니 그때 일들이 어제 일처럼 생생하게 떠올라. 형편이 더 어려워져서 가족 모두 참 힘들었는데, 그 옛날 일이 고스란히 떠오른다. 내가 애써 기억한 게 아닌데 말이야."

"맞아요, 선배. 추억의 노래를 듣다 보면 그때로 돌아간 느낌이 들지요. 참 신기해요. 밤새 달달 외운 수학 공식도 아닌데, 우리 '뇌'는 옛날에 들었던 음악 하나만으로 그 장면이 가진 수많은 정보를 온전히 재현해내잖아요."

"안 그래도 요즘 회사 운영 때문에 힘든데, 어릴 때 고생한 생각하니까 왠지 슬픈 노래를 듣고 싶다. 나 왜 겉절이 냄새 풍기면서 이렇게 추억에 잠기는 거니. 그래도 난 가끔 슬픈 가사에 눈물 흘리고 나면 좀 시원하더라. 아, 가슴이 말캉말캉해지면서 울적한 기분이 든다."

마침 지나던 초등학교 담장에 빨간 장미가 가득 피어 있었다.

"리온아, 장미가 흐드러지게 피었다. 우리도 저렇게 활짝 핀 꽃 같던 시절이 있었는데. 그치? 왠지 조금 슬프다. 이래서 난 가을엔 돌아다니는 거 별로 안 좋아하잖아. 낙엽 떨어지는 거 보면, 꼭 세월 앞에 속수무책으로 나이 먹어가는 나 같아서 왠지 쓸쓸해지거든."

조금 전까지 김치를 담갔다며 기뻐하던 선배는 슬픈 노래를 들을수록 점점 더 슬퍼 보였다.

"선배 슬퍼 보이네요. 떨어지는 낙엽을 보면 선배 자신처럼 느껴지나요? 하지만 낙엽에겐 주어진 사명이 있어요. 추운 날씨에도 땅의 많은 생명이 얼지 않도록 보호하잖아요. 덕분에 봄의 새로운 생명을 불러일으켜요. 그건 쓸쓸하지 않고 아름다운 일이에요. 낙엽은 힘없이 떨어진 적도, 선배를 슬프게 할 의도도 없었을 텐데요."

"그런가. 그런데 왜 나는 슬픈 감정이 드는 거지?"

"그건 선배가 낙엽을 닮아서 그런 게 아니에요. 이전에 깔려 있던 감정이 울적한 생각을 이끌었지요. 우리가 낙엽을 볼 때 가장 먼저 작동하는 내부 시스템은 감각이에요. 감각으로 대상을 인식함과 동시에 어떤 감정이 느껴지지요. 순식간에요. 그리고 그 감정은 우리가 합리적으로 사고하기 이전에 우리가 가야 할 길의 방향을 틀어버려요. 사고는 그다음에 하게 되고요."

"감정이 내가 가야 할 길의 방향을 정한다고? 그다음에 난 이성으로 사고한다는 말이지?"

"대부분의 우리는 성공을 위해서 철저히 분석하고 냉정하게 판단하거나, 힘들어도 참고 열심히 노력해야 한다고 생각해요. 아니에요. 오히려 평상시에 어떤 감정으로 생활하는지에 따라 삶은 완전히 달라진답니다. 선배는 지금 선율과 가사가 슬픈 노래를 듣고 있어요. 이때 떠오른 슬픈 감정은 선배의 무의식 세계를 슬픈 색깔로 물들였을 거예요."

나는 라디오를 끄고 말을 이었다.

"선배의 애잔한 감정이 떨어지는 낙엽을 보고 자신이 쓸쓸하다고 생각하게 만든 거예요. 많은 우리가 '나는 사고하는 대로 느낀다'고 생각하지만, 실은 자신이 받은 느낌을 바탕으로 생각하게 돼요. 자신이 느낀 감정처럼 말하며 하루를 살지요. 이건 놀라운 일이에요."

"그런데 눈에 보이지도 않는 감정이 그렇게 내 삶의 방향을 틀어버리고 좌지우지할 만큼 강력해?"

"이 세상의 보이는 것들은 보이지 않는 세계의 지배를 받는답니다. 예를 들어볼게요. 선배는 오전에 김치를 담갔어요. 냄새는 눈에 보이지 않잖아요. 하지만 집 안 공기에 김치 냄새가 가득 차서 온몸을 물들였네요. 선배가 의도한 게 아닌데 말이에요."

선배는 외투에 코를 대고 냄새를 맡았다.

"같은 거예요. 우리가 선율과 가사가 슬픈 노래를 계속 듣다 보면, 의도한 것은 아니지만 그 슬픈 에너지는 김치 냄새처럼 우리의 무의식 세계를 물들여요. 특히 우리가 어떤 감정에 빠져 있을 땐 그 감정이 만드는 에너지가 중첩되면서 자기만의 고유한 색을 만들지요."

"에너지가 중첩된다고? 겹친다는 거지?"

"자갈이 많은 잔잔한 연못을 떠올려볼까요. 이제 선배와 저는 돌을 열 개씩 주워 연못에 다른 방식으로 돌을 던질 거예요. 선배는 연못을 향해 열 개의 돌을 여러 다른 방향으로 동시에 던져요. 돌이 사방팔방 다른 곳에 떨어지면서 수면에 만드는 동심원은 바로 옆에 생긴 동심원과 만나서 금세 없어져요. 돌이 만든 수면파의 에너지가 하나로 모아지지 못하고 여기저기 흩어지기 때문이지요. 연못은 곧 조용해질 거예요."

선배는 휴대폰을 꺼내 수면 위로 퍼지는 동심원 사진을 찾아서 보기 시작했다.

"이번엔 제가 돌을 던질게요. 저는 선배와 다르게 열 개의 돌을 모아서 연못의 한 지점에 던질 거예요. 열 개의 돌무더기는 큰 바위가 풍덩 빠지듯이 연못의 한 곳으로 떨어질 겁니다. 그리고 그 돌이 만드는 수면의 파동은 한 종류의 에너지로 집중되기 때문에 크고 깊고 넓게 오랜 시간 수면을 따라 퍼져나갈 거예요."

"아, 내 몸의 건강이나 감정, 그리고 사고는 모두 내가 떨어뜨리는 여러 개의 돌 같은 거구나. 하나로 모으지 못할수록 서로 만드는 파장이 방해하게 되고, 나만의 물결을 만들지 못한다는 거지?"

"맞아요. 가정을 해볼까요. 선배는 작은 일에도 기뻐하며 사람들과 즐겁게 대화하고 웃으며 지내요. 선배가 뿜어내는 긍정적인 에너지 색깔이 있지요. 그런데 저는 감사한 일은 당연한 것이고, 불만이 많아요. 작은 실수까지 전부 남 탓을 해요. 낯선 이가 우리와 마주쳤다면, 누가 부정적인 사람인지 구분할 수 있을까요?"

"응. 아마 표정, 말투, 사용하는 단어가 달라서 구분이 쉬울 것 같아. 농담이지만 괜히 관상이 과학이라고 하는 게 아니라니까. 그 사람이 살아온 인생이 다 얼굴에 드러나기 마련이더라고."

"그러면 선배, 우주에 행운과 불운이 있다면, 선배와 저에겐 각자 어떤 운이 다가올까요?"

"글쎄. 웃는 나에겐 행운이, 너에겐 불운이 찾아온다고 말하고 싶은 거지? 뭐 어느 정도 영향은 있겠지만, 설마 내가 감사하면서 주변 사람들과 함께 웃는다 해서 정말 행운을 끌어당기고, 네가 한숨 쉬고 짜증 냈다고 과연 불행을 끌어당기겠니. 솔직히 단순한 우연이겠지."

"과연 그럴까요? 어떤 영화 주인공이 사무실에서 계약서에 사인을 하는 모습을 상상해봅시다. 한 번은 015B의 '슬픈 인연'이 들리는 가운데 계약을 하고, 또 한 번은 퀸의 'we will rock you'가 배경음악인 가운데 같은 계약을 해요. 어때요? 똑같은 계약에 배경음악만 바뀌었는데 느껴지는 아우라가 같나요?"

"아니. 전자는 왠지 슬퍼 보이는데, 후자는 파이팅이 넘쳐. 거참, 신기하네."

"우주의 눈에도 그렇게 보일 거예요. 행운이 보기에도 화를 내는 저보다 기뻐하는 선배가 행운 자신에게 더 잘 어울린다고요. 긍정적인 사람에겐 활력이 넘치는 배경음악이 종일 틀어져 있는 셈이지요. 우리는 자신이 평소에 어떤 감정을 느끼는지 잘 살펴야 해요. 눈에 보이지도 않는 김치 냄새가 옷을 온통 물들이듯이, 우리의 작은 감정이 쌓여 하루를 물들이거든요."

"그런데 좀 지친다. 내가 사랑하기 싫다고 싫어지는 것도 아니고, 미워하지 않아야지 해도 미운 걸 어떻게 해. 감정은 솔직히 내가 어찌할 수 없는 것들이잖아."

"맞아요. 감정이란 의식 세계와 연결되어 있지만, 우리의 의지 밖 문제처럼 보여요. 자신도 모르게 내면에서 일어나니까요. 그런데요, 정말 우리가 자신의 감정을 완전히 조절할 순 없을까요?"

"글쎄. 나도 모르게 일어나는 일들을 어떻게 내가 직접 조절해?"

"의식적으로 긍정 에너지에 자신을 꾸준히 노출시키는 겁니다. 무의식 세계를 자신이 원하는 색으로 물들이는 거예요. 자신의 하루에 깔려 있는 배경음악을 스스로 고르는 거지요. 성공하고 싶으면 파이팅 넘치는 음악으로, 기쁘고 싶으면 상큼 발랄한 음악으로요. 이건 자신의 노력으로 무의식 세계를 조절하고, 그것을 통해 현실을 바꿀 수 있는 엄청난 비밀이에요."

"아하! 무의식을 내가 원하는 색으로! 오오~ 내 몸을 다이어트

할 게 아니라, 내 하루의 부정적인 에너지를 줄이는 다이어트를 해야 되겠네!"

"네. 익숙한 습관을 바꾸는 게 쉽진 않겠지만, 하다 보면 결국 긍정의 에너지가 자연스러워지는 때가 오거든요? 그러면 놀랍게도 더 이상 낙엽을 보고도 쓸쓸한 기분이 들지 않게 돼요. 나아가 '낙엽=늙어가는 나'라는 비합리적이고 부정적인 사고로부터 자유로워질 거예요."

활짝 핀 장미도 가지가 앙상한 추운 겨울을 겪었을 것이다. 누구에게나 봄과 겨울이 있다. 그러나 내가 처한 슬픔에 빠져 허우적대고 있다면, 어느새 봄이 와도 느낄 수가 없다. 새 생명이 깨어나는 봄의 아름다움 안에서도, 슬픈 감정은 나의 주인이 되어 나를 지배하기 때문이다. 봄의 시간 안에서도 나는 겨울을 사는 것이다.

* **여섯 번째 비합리적 신념**: 슬픈 (노래)에너지가 좋다. / 무의식 세계는 조절할 수 없다.

→ 긍정 에너지를 내 안에 채운다. / 무의식 세계도 내가 원하는 색으로 물들일 수 있다.

나의 뇌가 행운을 현실로 만들어요

지인 열 명 정도가 모이는 자리에 선배를 초대했다. 각계각층의 사람들이 모여 서로의 마음을 나누는 시간이었다.

"언제 어디서나, 누구나 행운을 끌어당기고 쉽게 성공을 향해 갈 수 있어요. 진정한 행복은 우리에게 행운의 기차표를 선물하지요."

그때 한 여성이 물었다.

"행운의 기차표라…. 비현실적으로 들리긴 하는데, 적어도 제겐 맞는 말 같아요. 행운과 반대 의미지만요. 저는 열심히 살았지만 참 쉽지 않았어요. 힘들게 성공했거든요. 저처럼 목표를 향해 이성적으로 열심히 노력하지만 내 감정은 외롭고 괴로운 사람의 운은 어떻게 작용하는지 궁금하네요."

나는 화이트보드에 그림을 그리기 위해 일어났다. 감정을 이용해 뇌가 에너지를 현실 세계에 표현하는 과정을 설명하기 위해서였다.

"우리 극지방의 빙산을 떠올려볼까요? 겉에서 보이는 빙산은 일부예요. 오히려 거대한 빙산의 대부분은 보이지 않는 수면 아래 감춰져 있지요. 그리고 바다 흐름(조류)과 직접적으로 맞닿은 부분은 수면 아래 빙산이에요. 빙산은 조류의 방향이 바뀌면 바닷물과 함께 바뀐 방향으로 나아갑니다."

"맞아요. 수면 위 빙산은 우리 눈에 보이는 의식 세계와 같아요. 일반적으로 우리가 뇌 활동이라 할 때 떠올리는 측정하고 계산하거나 예측하는 것요. 그런데 뇌가 하는 역할은 이것이 전부가 아니에요."

"빙산 중 바다 수면 아래에 해당하는 부분도 있잖아요. 무의식이었나요? 진짜 그런 게 있나 싶었어요."

"네. 무의식의 세계 맞아요. 보이지 않는 곳에서 자신도 모르게 일어나는 일들이지요. 이렇게 고도로 발달한 인간인 내가 모르게 일어나는 일이라니. 정말 무의식 세계가 우리의 현실에 영향을 끼칠까요?"

그때 선배가 말했다.

"얼마 전에 슬픈 노래를 들었더니 음악을 끈 이후에도 슬픈 감정이 지속되었어요. 그리고 비합리적 생각으로 이어졌지요. 빙산 위에 서 있는 나로서는 알 수 없는 까마득한 바닷속이 실제로 빙산의 이동 방향을 결정하잖아요. 무의식 세계도 보이지만 않을 뿐

실제 내 삶에 많은 영향을 끼칠 것 같은데요."

"맞아요. 우리의 하루 중엔 무의식적으로 일어나는 일이 많더라고요. 나도 모르게 뜨거운 냄비를 손에서 놓아버린다거나, 캄캄한 극장에서 밝은 곳으로 나오면 나도 모르게 눈의 동공이 작아지고, 운전할 때 브레이크와 액셀을 밟으며 문득 언제 여기까지 왔나 싶은 것들요."

"맞아요. 생각해보면 우리 하루 중에는 내가 의식하지 않고도 하는 일이 많답니다. 그런데 왜 뇌는 쉼 없이 주인인 내가 모르는 일을 하는 걸까요? 그건 바로 주인의 생명을 보호하기 위해서예요. 뇌와 우주가 협력하는 모든 일의 근본 이유는 소중한 생명의 보호에 있지요."

"예전에 이런 기사를 읽은 적이 있어요. 우리가 의지를 가지고 어떤 결정을 내리기 최소 5초에서 10초 전에 이미 뇌는 방향을 정해 해당 부위가 활성화된다는 연구에 대한 것이었어요."

나는 인터넷으로 관련 연구 결과를 찾아 사람들과 공유했다.

"독일의 뇌과학자인 존-데일란 하인즈*, 캘리포니아 대학교의

* 독일 막스플랑크 연구소의 뇌과학자인 존-데일란 하인즈 교수 연구팀은 "인식보다 뇌가 무의식적으로 최대 10초 전에 결정을 내린다"는 연구 결과를 얻었다.(2007년, 네이처 뉴러사이언스). 벤저민 리벳 박사(1983년)의 실험을 새롭게 하며 피실험자의 뇌의 변화를 기능형 핵자기 공명영상fMRI으로 촬영한 결과, 피실험자가 버튼을 누르기 최대 10초 전에 의사 결정을 관장하는 뇌 부위가 활성화되고, 버튼을 누르기 5초 전에 운동 피질 영역이 활성화됨을 확인했다.

이자크 프라이드* 박사가 방금 말씀하신 연구들을 진행했어요. 특히 하인즈는 우리의 인식이 움직이기 수초 전에 뇌가 결정을 내린다고 했지요."

"전부 내가 철저히 사고해서 내리는 결정이라고 생각했는데, 나도 모르게 뇌가 이미 판단하기 시작하다니요?"

"제 생각엔 나만의 생존 경험을 토대로 뇌가 무의식 세계에서 일종의 사전 작업을 하는 것 같아요. 내게 주어진 광활한 정보를 주인인 나의 생명 보호가 가능한 범위로 축약시키는 것처럼요."

"내가 결정하기도 전에 내 몸이 어느 정도 정한다니, 인간으로서 나의 자유 의지가 작아지는 느낌이에요."

"뇌가 작동하는 방식을 이해한다는 건 쉬운 일이 아닌 것 같아요. 우리의 사고 과정은 지극히 아날로그식인데 실제로 우리 뇌가 주인의 생명 보호를 위해 결정하는 과정은 디지털식이기 때문이에요."

"디지털 형태요? 뇌가 마치 컴퓨터처럼 작동한다는 거네요. 그렇다면 뇌는 어떤 기준으로 결정을 내릴까요?"

"뇌는 주인의 생명 유지에 충실한 결정만을 내립니다. 빠르게

* 캘리포니아 대학의 이자크 프라이드 박사는 2011년 환자의 뇌에 미세 전극을 삽입해 뇌의 특정 부위의 활성을 측정했다. 피실험자의 양손에 버튼을 쥐여주고 스스로 어느 한쪽의 버튼을 누르게 했는데, 피실험자가 버튼에 힘을 가하기 1초 전에 이 사실을 알아차렸고, 어느 쪽 버튼을 누를 것인지 60%의 확률로 예측했다.

결정해야 하니 가까운 내면에 기준을 둘 겁니다. 뇌는 우리가 느끼기에 진짜라고 생각하는 내면의 목소리와 근거만을 사용해요."

"뇌가 느끼기에 '진짜'인 것이 뭐지요?"

"대화 초반에 '열심히 노력하지만 감정은 괴로울 때'에 대한 질문이 있었어요. 목표를 위한 이성적인 노력들은 시간을 들여 사고한 결과예요. 결코 빠른 것이 아니지요. 대신 주인이 일하면서 느끼는 괴로운 감정은 나도 모르게 즉각 내면에서 생긴 주인의 것이지요. 빠르면서도 주인의 내면에 존재하는 '진짜'예요."

그때 선배가 호기심 넘치는 적극적인 자세로 말했다.

"아, 그렇다면 뇌는 목표보다는 괴로운 감정이 주인의 '진짜'라고 느끼겠구나! 그래서 열심히 노력해도 감정이 괴로우면 자꾸 행운보다는 불운이 찾아오는 거네요."

그때 처음에 질문을 한 여성이 말했다.

"그래서 내가 그토록 악착같이 살았는데도 어렵게 성공했군요. 뇌가 우주의 하고많은 운 중에서 불운을 선택했던 거예요. 남들은 잘 넘어가는 일도 나만 꼬이고, 정말 산 넘어 산이었어요."

"네. 이것이 현실 세계에서 내 의지와 다르게 우주의 불운과 행운이 작용하는 이유예요. 처절하게 개미처럼 살지만 내가 행복하지 않다면, 성공은 어려운 방식으로 더디게 오지요. 뇌는 내 의지의 목표가 아닌 주인이 느끼는 괴로운 감정을 '진짜'라고 판단하기 때문이에요. 뇌는 주인의 현실이 계속 괴롭도록 만들지요."

"그래서 행복한 나의 감정이 빠른 성공으로 갈 수 있는 행운의 기차표를 준다는 것이군요."

"네. 감정은 뇌가 우주 에너지와 교감할 수 있도록 무의식 세계의 문을 열어줍니다. 어떤 슬픈 노래를 들으면 그때 느끼는 감정이 잊고 있던 관련 기억을 불러일으키는 것처럼요. 문제는 뇌가 슬픈 기억뿐만 아니라 우주의 불운도 불러오는 것이지만요. 그래서 우리의 무의식 세계를 긍정 에너지로 채워야 하는 겁니다."

"만일 제가 의식 세계에서 '가진 것'에 감사하고 긍정의 감정을 유지해 무의식 세계까지 긍정의 에너지로 채우면, 의식과 무의식이 모두 긍정의 방향으로 일치하겠네요. 방향이 일치하면 뭔가 에너지가 커지고요."

"아주 중요한 지적입니다. 의식과 무의식의 방향이 일치하면 그 방향으로 큰 에너지의 일치가 일어나요. 추진력이 생기고 가속도가 붙지요. 내 것이 맞나 싶은 큰 행운을 끌어당길 수 있도록요."

"질문이 있어요. 바다 위에 떠 있는 빙산은 조류를 타고 어느새 다른 곳에 가 있잖아요. 그렇다면 우리도 비슷하지 않을까요? 나는 우주의 흐름에 휩쓸려 다닐 것 같은데요."

"좋은 질문이에요. 결론부터 말씀드리면, 생명의 힘이 있는 존재는 수동적으로 바다의 흐름에 따라 떠다니는 빙산과는 달라요."

나는 화이트보드에 '편광판 패턴Polarizing plate pattern 원리'라고 적으며 말을 이어갔다.

"우리가 긍정의 감정을 유지하면 뇌는 주인에게 긍정의 에너지가 어울린다고 생각해요. 뇌가 '진짜'라고 느낄 수 있는 내적 환경을 주인이 만들 수만 있다면, 주인은 행운을 적극적으로 선택할 수 있어요. 우리 뇌가 무의식 세계를 이용해 우주 에너지 중 행운만 끌어당기는 과정을 '편광판 원리'로 설명해볼게요."

"편광판 원리요?"

"어느 날 제가 그릇에 대한 생각을 하다가 불현듯 떠올린 원리입니다. 전자기파가 편광판을 만나면, 전자기파 중에서 편광판과 일치하는 방향의 것만 통과합니다. 이 원리를 우주의 운에도 적용한 거예요."

나는 화이트보드에 간단한 그림을 그렸다.

"우리 뇌는 무의식 세계의 '편광 틀'에 이러한 특정 패턴을 만들 수 있어요. 내가 긍정 에너지로 가득하면 무의식 세계의 틀 위에 긍정 패턴이 만들어집니다. 우주의 에너지 중에서 나의 무의식 패턴과 맞지 않는 우주의 불운은 걸러져요. 나의 긍정 패턴과 일치하는 행운만 틀을 통과해 나의 무의식 세계로 들어올 수 있지요."

"나의 무의식 세계에 특정 패턴이 만들어지고 그 패턴을 중심으로 에너지가 오간다는 말이지요? 동그란 구멍(패턴)이 있는 틀에

밀가루 반죽을 통과시키면 동그란 모양으로 반죽을 뽑을 수 있는 것과 같네요?"

"맞아요. 내가 어떤 감정을 유지하는가에 따라 특정 모양으로 반죽을 뽑을 수 있는 나만의 반죽 틀을 갖게 되는 거예요. 그 과정이 내 눈에 보이지 않을 뿐입니다. 우리는 이렇게 바다 위에 떠내려가는 빙산과 달라요."

"열심히 노력해도 마음이 불행하면 성공과 멀어지겠네요. 와, 우주의 비밀을 알게 된 기분입니다. 앞으로 우리 다 부자가 되겠는데요."

"의외로 우린 많은 것을 쉽게 얻을 수 있어요. 성공의 열쇠는 내가 어떤 감정으로 삶에 임하는가에 있지요. 복잡한 세상살이 가운데에서도 내가 긍정 에너지를 유지하기 위해서는 의식적이고 적극적인 노력이 필요합니다. 무의식 세계라고 내가 어찌할 수 없는 것이 아니에요."

"오늘부터 가진 것에 감사하면서 행복을 느껴야겠어요. 우리 모두 행복해져서 우주의 행운이 올 수 있는 패턴을 만듭시다."

* **일곱 번째 비합리적 신념**: 행운은 우연이다. 나와 우주의 에너지는 상관이 없다.

→ 나를 긍정 에너지로 채우면, 우주의 긍정 에너지를 끌어당길 수 있다.

우주의 에너지가 어떻게 내게 올까?
: 편광판 패턴 이론

우주의 에너지는 나의 무의식 세계로 들어올 때 특정 패턴의 '틀'을 통과하며, 이 '틀'의 패턴은 나의 내면 에너지가 정한다. 때문에 틀을 통과해 나의 내면에 들어올 수 있는 우주 에너지는 무의식 틀 위의 패턴에 맞는 형태뿐이다. 결과적으로 다양한 우주 에너지 중에서 나의 내면 에너지와 동일한 형태만 나에게 올 수 있다. 즉, 나의 행복은 우주의 행운만 끌어당기고, 나의 불행은 우주의 불운만 끌어당기게 된다.

내 경험에 비추어보면 내용물이 어떤 것이든 간에 특정 모양의 틀을 끼우면 그 모양으로 변해서 나올 수밖에 없다.

우리는 의도적으로 뇌가 나를 위해 좋은 일을 하도록 만들 수 있다. 우주의 행운만 끌어당길 수 있도록 행운 모양(패턴)의 '무의식 틀'을 만드는 것이 가장 중요하다. 그리고 그 열쇠는 이성이 아닌 '감정'에 있다.

• 우주의 행운을 끌어당기는 과정 11단계

1단계. 내가 믿는 신념대로 생각하고 특정 감정 상태를 유지한다.

2단계. 감정은 나의 무의식 세계를 여는 열쇠 역할을 한다.

3단계. 나의 뇌는 1단계에서 발생한 감정을 근거로 상황을 판단해 '무의식 틀'의 패턴(형태)을 결정한다.

4단계. 특정 모양을 띠는 '무의식 틀'을 경계로 안쪽은 자아의 내면이 감정에 근거한 에너지 파동을 그리고 있다.

5단계. '무의식 틀'을 경계로 바깥쪽은 우주의 다양한 에너지가 모든 방향으로 파동을 그리고 있다.

6단계. 내면의 에너지는 파동의 형태로 '무의식 틀'을 통과해 우주로 나가서 그들에게 영향을 주기도 하고, 우주의 에너지도 나의 '무의식 틀'을 통과해 내 안으로 들어와 내 삶에 영향을 주기도 한다.

7단계. 에너지 파동의 이동이 일어날 때 3단계에서 어떠한 패턴(형태)의 '무의식 틀'이 형성되었는가에 따라, 우주 에너지의 파동 중에서 특정 형태의 파동만 틀의 모양(패턴)을 통과해 내 안으로 들어올 수 있다.-이는 '편광판'이 전자기파를 통과시킬 때 특정 방향의 파동만 골라서 취하는 과정과 비슷하다.

8단계. 나의 내면으로 도달한 특정 우주 에너지 파동은 나의 무의식 에너지 파동과 흡사해 중첩이 되며 보강된다. 두 에너지의 결합으로 파동의 진폭은 커진다.

9단계. 에너지의 크기만큼 (의식이 자각할 수 있는) 현실 세계에서 어떠한 작용을 하고 결과를 만든다. 행운(불운)을 끌어당긴다.

10단계. 우주와 나의 상호작용은 끊임이 없다. 이때 내가 내면을 잘 다스리거나 또는 어떤 감정에 완전히 빠져 있으면, 1단계의 감정이 강력해지면서 3단계의 무의식 틀의 패턴이 좀 더 통일되고 명확해진다. 이 경우에는 보강 간섭이 많이 일어나면서 내가 의식하는 현실 세계에 눈에 띄는 결과물을 도출한다. 이는 돌 여러 개를 연못 한 곳에 동시에 던지면, 이 돌들이 한 곳에서 만드는 물의 동심원이 뚜렷하며 물에 파동이 잘 퍼져나가는 것과 같다.

11단계. 특정 감정이 약하거나 오래 지속되지 않을 때, 1단계의 감정은 그 종류가 많고 힘이 분산되며 지속 시간이 짧다. 이 경우에는 3단계 무의식 틀의 패턴이 통일되지 않고 여러 형태로 나타나기 때문에 우주 에너지와 나의 내면 에너지의 상쇄 간섭도 많이 일어난다. 이는 작은 돌들을 연못 여기저기에 동시에 던지면, 돌이 만드는 물의 동심원 파동이 조금씩 생기다 옆 동심원의 영향을 받아 곧 없어지고 마는 것과 같은 원리다.

WRITER'S TIP

우리가 무의식 세계에 특정 패턴을 만들 수만 있다면 우주의 어떤 에너지도 내 안으로 끌어당길 수 있어요. 나의 감정이 패턴을 만드는 열쇠라는 사실만 알면 우리는 모두 행운을 끌어당길 수 있습니다.

3부

인생의 주인공이 되어 스스로 선택하라

너 때문이야!

어느새 여름이다. 약속 장소에 거의 도착했을 무렵 갑자기 선배에게 감기 기운이 있다는 연락이 왔다. 나는 문득 그녀가 단순히 아픈 것이 아니라 나를 밀쳐내는 것이란 생각이 들었다. 눈을 감고 그녀의 처지에서 생각해보았다. 선배는 몸만 아픈 것이 아니었다. 나는 선배에게 메시지를 남겼다.

"아파도 괜찮아요, 선배. 계속 건강하고 계속 잘하기만 하는 사람은 없어요. 어디가 아프든 선배는 여전히 소중하고 아름다운 사람이에요."

집으로 되돌아가려고 차의 시동을 걸었다. 그때 선배에게서 전화가 왔다. 선배는 자신의 집으로 올라오라고 했다. 현관문을 여는 그녀의 얼굴이 지쳐 보였다. 잠시 후 선배가 말했다.

"내가 사업을 너무 준비 없이 시작했나 봐. 월세보다 대출 이자가 싸길래 로펌 입주하면서 그 상가를 아예 샀거든. 상가 가격 대부분이 대출일 정도야. 그런데 요즘 그때보다 은행 금리가 두 배나 올랐어. 직원들 월급도 줘야 하잖아. 들어오는 돈은 없고 나갈 돈만 많으니, 요즘 잠이 안 와. 이 속도로 가다간 집이라도 팔아야 할 것 같아."

"선배, 잠을 못 잘 정도로 걱정이 되는군요. 집까지 팔아야 하나 싶을 만큼요. 그래서 몸에도 무리가 갔나 봐요."

"응. 그런데 스트레스를 받으니까 자꾸 자극적인 게 끌려. 어젠 거실에서 새벽까지 공포영화를 봤어. 무섭지만 짜릿하니까 시원해지는 것 같더라고."

"공포영화가 종일 느꼈던 격한 감정과 비슷할 거예요. 하지만 비슷해서 익숙할 뿐, 걱정 중인 선배에게 도움이 되진 않지요. 차분하게 쉬어야 할 시간에도 쉬지를 못하니까요."

"내 마음 하나 돌보는 게 이렇게 힘들다니. 나는 엄마 말처럼 까칠하기만 하고 제대로 하는 건 없나 봐."

선배는 불안의 에너지에 사로잡혀 있었다. 자신의 걱정이 나아지질 않으니, 그런 자신을 부족하다고 느끼는 것 같았다. 그때 선배 뒤로 책장에 꽂혀 있는 헤밍웨이의 〈노인과 바다〉 책이 보였다.

"아니에요, 선배. 제대로 하는 게 없다니요. 누구나 실수를 하고 실패를 경험해요. 저 책은 헤밍웨이의 〈노인과 바다〉네요. 노인은 '인간은 파멸당할 수 있을지언정 패배하지 않는다'고 말하잖아요. 열 번을 넘어져도 다시 일어서는 한, 상처는 선배를 실패자로 만들 수 없어요. 오히려 위기는 또 다른 기회를 주지요. 그 기회가 무얼지 천천히 생각해보면 돼요. 괜찮아요."

선배는 눈물이 그렁그렁해진 눈으로 나를 빤히 보았다. 그녀는 그저 넘어져도 괜찮다는 말이 필요했던 것이다. 선배는 깊은 한숨을 내쉬었다. 선배를 가득 채운 불안의 에너지가 버거워 보였다.

"그래. 오후에 사무실 좀 다녀온 후 오늘은 일찍 자야겠다. 에휴, 직원들한테 일임하고 쉬려고 해도 이게 마음대로 되질 않아. 로펌 설립 초반이라 서로 손발을 맞춰나가는 단계니까 그러려니 하지만, 요즘 애들은 아주 칼퇴근이야. 직원들이 알아서 잘하면 얼마나 좋아. 이런 날은 나도 집에서 푹 쉬고 싶다."

선배가 말한 '칼퇴근'이라는 단어에 정말 칼이 있는 것처럼 느껴졌다.

"리온아, 요즘 왜 이렇게 마음에 드는 게 없니. 자세히 보면 모든 게 다 부족해. 우리 아들도 성적이 좋으면 내가 신경 안 써도 되잖아. 우리 남편은 내가 이렇게 아픈데 관심도 없고 말이야. 병원 정밀검사 결과가 별것 없어서 다행이긴 하다만. 솔직히 내가 이렇게 아픈 건 다 남편 때문이야. 맨날 회사에서 야근이나 하고."

"정밀검사 결과가 좋다니 축하해요. 흠… 그런데요, 지금 선배가 한 말들에 공통점이 있는 거 알아요? 그 소재를 어떻게 이야기하셨는지 한번 되짚어볼까요.

- 내가 어제 잠을 못 잔 이유는 대출 이자와 공포영화 때문이다.
- 내가 회사 일에 치여 편히 쉬지 못하는 이유는 직원들 때문이다.
- 내가 아픈 이유는 나에게 관심이 없는 남편 때문이다.

"어때요? 선배의 행동을 선택한 근거와 이유가 매번 누구에게 있는 것 같아요? 선배 자신인가요?"

"아, 내가 그랬구나. '돈 때문에, 공포영화 때문에, 직원 때문에, 남편 때문에'라고 말했구나."

"우린 문제의 원인을 자신이 아닌 외부에서 찾지요. 내 탓이라고 하면 나의 문제인 것 같아 상처가 되거든요. 남 탓은 일종의 나를 지키기 위한 수단이에요. 그리고 그 방법이 편리하고 쉽기도 해요."

"응 그래. 나도 모르게 그랬네. 이것도 습관인가? 난 도대체 왜 이런 거지. 이런 내가 싫다."

"괜찮아요. 사실 저를 포함한 누구나 그래요. 실패에 대한 두려움이 남들에게 보이는 내 모습을 걱정하게 만들지요. 그러나 괜찮아요. 잠깐 흔들려도 돼요. 충분히 흔들리고 나면, 다시 제자리로 오거든요. 선배는 여전히 안전해요."

"휴. 난 어떤 결정을 할 때 남이 나를 어떻게 생각할지 자꾸 생각하게 돼. 어릴 때 엄마한테 칭찬을 받으려고 애써서 그런 건가. 내가 생각처럼 잘 못해내면 사람들에게 꼭 버림받을 것 같아서 걱정이 돼. 차라리 내가 먼저 관두고 숨고 싶어져."

선배는 자신의 부족한 모습을 내게 보이기 싫어 오늘의 약속을 취소하고 숨고 싶었나 보다. 자신에게 무관심한 엄마가 힘들어 거리를 두는 방식으로 자기를 지키려 노력했던 어린 선배가 느껴졌다.

"잘하고 있어요, 선배. '남 탓'을 하는 것에 대해 좀 더 생각해볼까요? 내가 생각하는 문제의 이유가 남에게 있으면 난 할 수 있는 것이 없잖아요. 하지만 내게 이유가 있다면 내가 모두 통제할 수 있지요."

"그럼 내가 남 탓을 하게 되어 생기는 문제점이나 부작용은 뭐가 있을까? 사실 이야기를 들어보면 남 탓하는 게 맞는 말 같기도 하거든."

"맞아요. 예를 들어볼게요. 나의 실수로 집에 불이 나기 시작했어요. 누군가 불이 났다며 나를 손가락질할까 봐 두렵고 화가 나요. 소화기를 뿌리고 화재 원인을 치워야 하지만, 내가 불을 냈다는 사실을 인정하는 것 같아서 나도 모르게 외면하지요. 대신 도대체 누가 불에 잘 타는 이따위 재료로 집을 만들었냐며 화를 내거나, 두꺼운 옷 때문에 내가 더 뜨겁게 느껴진다며 시원한 옷이 없다는 옷 타령을 해요."

선배는 얼굴을 찌푸렸다.

"불에 잘 타는 재료로 집을 만든 것도, 내가 덜 시원한 옷을 입은 것도 그 사안만 보면 맞는 말이잖아요. 그러나 이건 외면이에요. 자신을 위험하게 만들지요. 말도 안 되는 비유 같지만 남 탓을 하는 행위 자체가 말이 안 돼요. 본질을 보지 않고 진짜 이유를 인정하지 않으니까요. 피상적인 무언가를 트집 잡아 회피하지요."

"그래, 그 정도로 말이 안 되는 일이란 거지. 게다가 남 탓을 하는 동안 내가 느끼는 감정이 부정적이니, 우주의 불운만 끌어당기겠네."

"네. 자신에게서 이유를 찾으면 오히려 마음은 가벼워지고 시야가 또렷해져요. 무엇을 해야 하는지가 확실해지거든요. 선배는 이미 문제의 진짜 이유와 해결 방안을 알고 있었어요. 회사 설립 초기니까 시간이 필요하다는 생각, 아프니까 일찍 자야겠다는 생각 말이에요."

"그래. 감사하는 마음으로 불안을 내려놓아야, 용기 있게 모든 원인이 나에게 있다는 것을 받아들일 수 있겠다. 나를 사랑하면서. 그렇게 해볼게. 고마워."

* **여덟 번째 비합리적 신념**: 내가 겪는 문제의 원인은 '너' 때문이야. / 난 부족해.

→ 원인을 내 안에서 찾으면 모든 것을 내가 통제할 수 있다. / 완벽은 불가능한 일, 두려움을 만든다.

WRITER'S TIP

당신에게 그 소중한 생명이 주어진 순간부터 당신은 완벽할 필요가 없었습니다. 그 자체로 완전하니까요. 완벽하기 위해 애쓸 때 당신의 부족함은 채우기 버거운 결핍이 돼요.
지금 당신은 앞이 보이지 않는 안개 속에서 헤매고 있을 수 있어요. 그럼에도 불구하고 분명한 한 가지는, 당신이 숨을 쉬는 한 당신은 '선택'할 수 있는 존재라는 사실이에요. 당신이 자신을 사랑하기로 선택하는 순간 나의 부족함은 아름다운 나만의 선율이 됩니다.

'너 때문이야'라고 생각하는 이유와 과정

1. 지금의 문제가 틀린 것이라 생각한다.

세상에 나쁘기만 한 일은 없어요. 문제와 해법은 함께 존재하지만, 이를 모르고 틀렸다고 단정 지으면 누군가 책임을 져야 할 것 같지요. 유연함이 필요해요.

2. 실패한 지금이 전부일 것 같다.

넘어지는 순간 다시 일어나지 못할까 봐 두렵습니다. 두려움은 다시 집중할 수 있는 에너지를 분산시켜요. 그러나 실패는 내가 포기를 선택해야 존재할 수 있어요.

3. 남들이 나를 비난할까 봐, 내가 상처받을까 봐 두렵다.

지난날의 상처와 실패를 다시 겪을까 봐 두렵습니다. 그래서 내 손에 있는 공을 남에게 떠넘기고 싶은 겁니다. 상처를 치유하고 건강한 마음을 가지면, 남이 어떻게 생각할지를 걱정하지 않아요.

4. 남 탓을 하면 내가 아무것도 하지 않아도 돼 편하다.

남 탓을 하면 내겐 이유가 없으니, 아무것도 하지 않아도 돼 내 몸은 편하지요. 그러나 나는 나아질 수 없습니다. 이것이 다음의 5번과 엮여 함께 조건화되면 더 큰 어려움을 겪을 수 있어요.

5. 남 탓을 하는 행동을 통해 자신의 불편한 감정을 해소한다.

나의 두려운 감정을 상대에게 전가시켜요. 나쁘다는 것을 알아도 이것이 익숙해지면 심지어 편안함을 느껴요. 눈을 감고 불량식품을 계속 먹으며 나의 불편한 감정을 위안하는 셈입니다.

6. 그냥 순수하게 나에게 이유가 있다는 것을 몰랐다.

많은 사람이 자신에 대해서 잘 안다고 생각하지만 그렇지 않아요. 문제의 원인이 나라를 걸 인정하는 게 두렵다기보다는, 나의 내면을 깊이 바라보는 걸 두려워하는 것입니다.

선택의 힘

선배가 감기약을 막 입에 털어 넣으려는 참에 형부에게서 전화가 왔다. 선배는 소파에서 일어나 창밖을 바라보며 통화를 했다. 선배의 집은 창밖으로 서울 시내가 잘 보였다. 창문으로 따사로운 오후 햇살이 비껴들어서인지 이곳이 참 좋은 집이라는 생각이 들었다. 그러던 와중에 선배가 전화를 끊으면서 역정을 냈다.

"꼴 보기 싫어. 오후에 자기 물건이 택배로 온다고 받아 달래. 남편이 취미로 기타 치거든. 배 나온 아저씨들끼리 음악이랍시고 모여서 연주하는데, 연주는 무슨 연주. 오합지졸이 따로 없어. 나한테 그만큼의 애정을 쏟아봐라. 내가 매일 진수성찬, 수라상을 차려놓지. 내가 서른 살로 돌아갈 수만 있다면 그 인간을 만나지 않는 건데!"

선배는 감기약과 물 한 컵을 단숨에 들이마셨다. 과연 선배가 결혼을 돌려야 할 만큼 형부가 큰 잘못을 한 걸까?

"난 이 동네도 싫어. 직장이 가까운 것도 아닌데 왜 여기서 살아야 하니. 네 형부는 자기 어린 시절이 떠올라서 마음이 편하대. 이 언덕의 아파트를 떠날 생각이 없어. 내 변호사 친구들은 진즉에 강남에서 자리 잡고 살고 있거든. 그동안 강남 아파트값 오른 건 말해 뭐 하니. 내가 지금 강남에 살았으면 내 인생이 더 행복하고 편안했을 텐데. 하여튼 네 형부는 내 생각은 전혀 안 해."

"형부가 선배 약은 먹었냐고 묻는 것 같던데요. 선배 생각을 전혀 하지 않는 건 아닐 거예요. 그런데 방금 선배가 놀라운 이야기를 한 거 알아요?"

선배는 씩 웃으며 나를 향해 눈을 흘겼다. 같은 하소연이어도 선배의 말에는 아이 같은 순수함이 묻어 있다. 오늘도 눈을 가리던 안개를 거둬내면 선배는 물 만난 고기처럼 자신의 강을 찾아갈 것이다. 오늘은 선배와 함께 '선택'이란 강을 헤엄쳐야겠다고 생각했다.

"형부는 자신이 무엇을 할 때 즐거운지에 적어도 한 가지는 정확히 알고 계시네요. 남편이 나를 돌보지 않고 기타를 선택했다고 생각하는 대신, 음악을 통해 스트레스를 풀고 더 좋은 남편이 되어 오겠구나 생각하는 건 어때요? 선배도 요리를 배우기 시작하셨잖아요."

"그래, 뭐 그건 그렇게 생각할 수 있는데, 그래도 난 서른 살로 돌아가면 남편이랑 결혼하지 않을 거야."

"선배는 형부에 대한 불만이 있네요. 서른 살이 된다고요? 다른 시간이 존재한다면 남편과 관련된 선배의 문제가 사라질 수 있다는 생각이네요. 살고 있는 곳도 비슷해요. 지금이라는 같은 시간이지만 강남이란 다른 공간에 있다면 행복할 거라고 생각해요. 행복은 내 밖에 있는 무언가가 갖추어졌을 때 생기는 것이 아니에요. 내가 바뀌어서, 내가 다른 길을 선택해야 행복할 수 있어요."

"나는 계속 내 환경과 남의 탓을 하고 있었네. '네가 그러지만 않았다면, 내가 이 조건에 있었다면' 이렇게 생각했나 봐. 세상엔 그냥 나의 '선택'만 있을 뿐이구나."

"맞아요, 선배. 우리가 지금 나눈 시간과 공간에 대한 대화 중 새로운 것은 없어요. 누구나 할 수 있는 생각이지요. 하지만 우린 남 탓을 하며 나를 제외한 다른 것이 바뀌기를 바라지요."

"내가 겪는 모든 일의 원인은 나에게 있었네. 내 선택의 결과였어."

"내가 숨 쉬는 지금이란 시간과 내가 있는 이 공간이 얼마나 힘들든 간에 나의 선택으로 모든 것은 바뀔 수 있어요. 반대로 내게 완벽할 만큼 좋은 시간과 공간이 주어지더라도 내가 바뀌지 않는다면, 나는 다른 선택을 하지 않을 겁니다. 내가 그대로면 아무리 좋은 조건이 주어져도 변하는 것은 없어요."

"그럼 나는 '언덕의 아파트를 걷다 보니 돈 안 들이고 운동도 하고 참 좋구나'라고 생각해야겠다. 그러고 보니 '정해진 건 없다'는 말과도 연결되네! 내가 생각하기 나름이니까. 흠, 어찌 보면 우리 남편도 훌륭한 사람이야. 열심히 일하는 한 회사의 직원이고 우리 집안의 가장이잖아."

"선배가 평상시에 말하는 '싫어하는 것, 좋아하는 것, 필요하고 갖고 싶은 것' 뒤에 이런 생각을 덧붙이면 더 좋을 것 같아요."

나는 탁자 위에 놓인 종이에 적었다.

- 내가 싫어하는 그것은 정말 언제나 모두에게 나쁜 걸까?
- 내가 좋아하고 갖고 싶은 것은 정말 내게 도움이 되는 것인가?
- 그리고 난 그것을 가질 준비가 되었나?
- 내가 원하는 그것은 정말 필요한 것인가, 그저 갖고 싶은 것인가?

"내가 바뀌려면 결국 나 자신을 아는 과정이 필요하구나."

"맞아요, 선배. 우리가 비합리적 신념을 하나씩 발견하고 안개를 거둬내는 과정 자체가 자신이 어떤 사람인지 아는 거예요. 자신을 잘 알게 되면, 세상 모든 것의 본질을 있는 그대로 바라볼 수 있지요. 그렇게 쌓인 내면의 힘은 우리를 내 하루의 주인으로 살게 한답니다."

"그래. 우리가 이 세상을 열심히 사는 속도를 잠시 늦추고, 나 자신을 들여다보는 시간이 반드시 필요한 이유구나. 지금 '오늘의 나'는 그렇게 나의 선택들이 만든 결과니까."

"선배의 선택이 기대되네요. 점차 자신이 자연스레 순환하는 게 느껴지실 거예요. 조만간 우리의 뿌리에 다다를 수 있을 겁니다. 선배는 정말 아름다운 사람이에요."

선배의 눈시울이 붉어졌다. 그녀는 좀 더 편안하고 그녀다워 보였다.

* **아홉 번째 비합리적 신념**: 과거로 돌아갈 수 있다면, 내가 이곳에 살지 않는다면 달라질 텐데.

→ 내가 바뀌지 않으면 주변 조건이 아무리 좋아도 달라지는 것은 없다. 모든 건 나의 선택이다.

WRITER'S TIP

과거에 당신이 어떤 시간을 보냈더라도 괜찮습니다. 그리고 당신이 어떤 곳에 살고 있더라도 괜찮습니다. 영원한 불행은 없어요. 어제의 그 무엇도 긍정의 내일을 만드는 재료가 될 수 있습니다. 이것을 잊지 마세요. 아무리 강한 시간과 공간의 힘이 있다 하더라도 인간의 진실한 선택의 힘을 뛰어넘을 수는 없습니다. 내가 사는 나의 세상엔 나의 '선택'만 있을 뿐입니다.

목표보다 목적이 우선이다

말복이 지난 늦은 여름, 우린 선배의 단골 초밥집을 찾았다. 그런데 선배는 물만 마시고 통 먹지를 않았다.

"나 살 빠진 것 같지 않니? 나 다이어트 시작했잖아. 상황이 어지러울수록 정신을 차려야 할 것 같아서 건강에 부쩍 신경 쓰고 있어. 살 빼느라 얼굴 폭삭 늙을까 봐 팩도 붙인다니까. 나 힘내서 열심히 살고 있어. 요새 또 잠을 못 자긴 하는데, 운동 열심히 하니까 괜찮아지겠지."

난 열심히 살라고 말한 적이 없는데, 하고 싶은 말을 일단 참았다. 그때 선배 휴대폰이 울렸다.

"우리 아들이야. 이번 주는 학원도 방학이라 집에 있거든. 지금 자기 게임 더 해도 되냐고 묻는 거야. 휴대폰 뺏고 독서실로 보내든지 해야지, 요즘 아들 때문에 계속 신경 썼더니 머리가 아프다."

"아들이랑 무슨 일이 있었어요?"

"응. 내가 우리 아들 의대 보내려고 그동안 많이 노력했거든. 그런데 얘가 의대 안 간다고 난리야. 뭐, 의대가 간다고 받아주는 건 아니지만 좀 더 노력하면 점수는 되거든. 그런데 자기는 문과 계열을 전공하고 싶대."

"선배가 보기엔 의사란 직업이 아들의 적성에 맞는 것 같아요?"

"솔직히 적성대로 사는 사람이 얼마나 되니? 그리고 남자인데 제 밥벌이는 해야 할 것 아니야. 자기 아빠처럼 월급쟁이 되면 어떡해. 똑같이 고생할 거 돈이라도 많이 벌어야지. 남들 보기에도 의사 얼마나 멋있니."

"똑같이 몸은 고생해도 돈보다는 더 행복하고 잘 맞는 일이 있지 않을까요? 남들 보기에 멋있는 것과 아들이 자기에게 맞는 옷을 입고 자연스럽게 사는 것 중에서 어떤 게 더 중요한 것 같으세요? 주객이 전도되었네요. 자신이 정한 목표를 지나치게 고집하다 보면 그 상황을 비틀어서라도 목표에 자신을 끼워 맞추려 해요. 게다가 아들이 의사가 되어야 한다는 건 엄마가 만든 목표잖아요."

"의사가 아니면 걔를 뭘 시켜야 하니? 다른 것은 생각해본 적이 없어. 이제 와서 의사를 포기하면 당장 2~3년 후에 아들 인생을 어떻게 해야 하냐고."

"우리는 눈앞의 2~3년 후를 지나치게 확대해서 해석해요. 당장의 문제가 전부인 양, 큰일이 날 것처럼요. 그러면서 20~30년 후는 먼 미래니까 중요하게 여기지를 않지요. 큰 방향이 명확해야 작은 목표가 주인이 되어 나를 휘두르지 않을 수 있어요."

선배는 한숨을 쉬었다.

"하지만 너무 불안해. 간절히 원하면 이뤄진다고들 하잖아. 아들을 위해서 절에 가서 기도라도 해야 하나. 내 일이면 내가 하면 되는데 자식 일은 내가 대신해줄 수 있는 게 아니라서 마음이 자꾸 복잡해진다."

"무엇이 불안한 건지 잘 생각해보세요. 불안한 건 아이의 상황이 아니에요. 선배의 마음이지요. 물론 엄마로서 아들에 대한 의무감, 책임감을 느끼는 것은 사랑에서 비롯되었지요. 하지만 그 마음에 사랑만 있는 게 아니라서 문제가 생기는 겁니다. 아들이 잘못되면 어쩌나 하는 불안감이 커지면 '목표'가 아들 자체보다 더 중요해져요."

"자식 일이라 그런지 더 혼란스러워. 그럼 어떻게 해야 하지. 난 요즘 운동도 정말 열심히 하고 음악도 긍정적인 것으로 듣고, 나를 위한 시간을 찾으려고 많이 노력하거든."

"목적 없이 목표만 세워서 그래요. 요즘 선배가 왜 열심히 사는 것 같아요? 무엇을 위해 다이어트를 하고 운동을 열심히 해요?"

"열심히? 어머나! 나도 모르게 다이어트를 예전 방식대로 하고 있었구나. 어느새 날씬한 저 여자처럼 되고 싶다고 생각한 거야!"

선배는 분명 자신의 뿌리를 향해 조금씩 나아가고 있었다. 그런데 어느새 예전의 모습으로 돌아가 있었다. 나의 내담자들과 과거의 내가 그랬듯이 말이다. 아직 선배의 뿌리 상처를 치유하지 못해서일까?

"아들이 내 말을 듣지 않는 것은 사실이거든? 난 그저 아들이 인생 선배로서, 부모로서 하는 내 이야기를 귀담아들었으면 하는 것뿐인데."

"내가 원하는 바를 상대방이 따르려면 서로 대화를 해야 하잖아요. 그런데 일방적으로 내 생각을 말하는 건 대화가 아니라 발표예요. 만약 내가 상대에게 무언가 바라는 마음이 있어서 목표를 정해요. 그러나 목표를 정하는 순간, 이미 그 목표는 쓸모가 없어진답니다. 왜 그럴까요?"

"왜 그렇지? 내가 상대와 상황을 좀 더 정확하게 살피지 못했나 보지."

"아니에요. 내가 목표를 정하는 순간 서로의 관계와 상황이 이미 변해버려서 그래요. 상황과 시간이 멈춰 있는 게 아니잖아요. 애초에 남에 대한 나의 목표는 100% 달성이 불가능해요. 남의 생각과 그가 처한 환경을 변하지 않게 고정시킬 수도 없고, 내가 완전히 통제할 수도 없으니까요. 원래 나는 남을 바꿀 수 없어요."

"아니야. 우리 아들이 어릴 때는 내 말을 얼마나 잘 들었다고.

엄마가 자식을 딱 보면 다 알지."

"선배, 자식이 어릴 땐 부모가 목표한 것을 자식 인생에서 이루기가 비교적 쉬워요. 엄마가 지시하는 대로 아기가 잘 따르지요. '여기 앉아, 이거 먹자' 하면 그대로 잘 따라줘요. 하지만 그건 엄마 생각이 옳아서 아이가 따른 것이 아니에요. 부모로서 아이를 가르쳐서 바꿨다고 생각한다면 그건 큰 착각이에요."

"어머, 내 말이 맞아서 우리 애가 나를 따른 게 아니면 뭐야?"

"아이는 그저 엄마를 너무 사랑해서 엄마의 뜻을 따라준 거예요. 자기가 생각한 것과 하고 싶은 것이 있음에도 모든 걸 버리고요. 아무리 갓난아기여도 본인이 하고 싶은 게 있어요. 하지만 아기에게 부모란, 자기 자신을 완전히 버릴 만큼 인생의 전부인 존재예요."

아기가 엄마를 너무 사랑해서 자기 자신을 버린 것이라니. 선배는 처음 해본 생각에 충격을 받았는지 자기도 모르게 입을 크게 벌렸다.

"선배, 아기의 마음은 엄마를 향해 늘 열려 있어요. 그래서 엄마의 생각이 아기에게 바로 전달되고 결과가 나오지요. 하지만 아이가 자라서 사춘기가 되면 친구, 선생님, 연예인도 있는 그만의 세계로 점차 옮겨가요. 더 이상 부모가 자기 인생의 전부이지 않지요. 우리도, 우리의 부모도 다 그렇게 자랐어요. 어린 자녀가 부모

말을 듣는 게 당연한 것이 아니라, 부모는 너무도 감사하고 아름다운 사랑을 받았던 거예요."

선배의 두 눈에 눈물이 그렁그렁 맺히기 시작했다.

"나 왜 눈물이 나니. 몰랐어. 어릴 때 내가 남들처럼 부모에게 사랑을 못 받았다고만 생각했지. 나도 그렇게 큰 사랑을 받은 순간이 있었구나."

나는 웃으며 마음을 가득 담아 선배의 손을 잡았다.

"우리에게 자식이 있다는 건, 세상에 다시없을 큰 사랑을 받은 적이 있다는 거예요. 그리고 우린 내 부모님을 한없이 사랑한 적이 있었지요. 그렇게 우린 모두 큰 사랑을 해본 적이 있는 사람들이에요."

"그래, 맞아. 난 절대적인 사랑을 받기도 하고 주기도 한 소중한 사람이야. 외롭고 슬퍼도 되는 사람이 아니야."

"맞아요, 선배. 상대방에게 내가 영향을 끼치려면 결국 그가 내게 마음을 열어야 해요. 그래야 내 말이 튕겨 나오지 않고 그들의 가슴까지 전달될 수 있으니까요. 그러면 어떻게 해야 상대방의 시선과 내 의도가 일치해서 그들의 마음을 열 수 있을까요?"

"글쎄. 상황을 좀 더 정확히 파악하거나 목표를 구체적으로 세우는 건 소용없다고 했고…. 뭐지? 세부적인 무언가에 집중하던 나의 시선을 줌 아웃zoom out 해야 할 것 같은데?"

"역시 대단해요. 선배가 많은 비합리적 신념을 바로세운 것 같아요. 이제 문제의 본질에 쉽게 접근하네요. 맞아요. 우리가 코앞의 사실만 보고 목표를 정하기 전에 자신의 가치관이 담긴 삶의 목적을 세워야 해요."

"칭찬은 고맙다만, 큰 방향을 정해서 과연 뭐가 그리 크게 달라지는 건지 난 이해가 되질 않아."

"저는 일이나 돈보다 가족이 중요하다는 큰 줄기를 가지고 있어요. 어떤 투자를 할 때, 수익 창출이 가능한 여러 가지 선택 중에서 무엇이 가장 큰돈을 벌 수 있는가만 보면 미래를 알 수 없으니 결정하기가 어려워요. 그런데 가족이 중요하다는 나의 목적을 떠올리고 그 범위 안에서 결정하면, 그 많던 선택지가 한두 가지로 확 줄어들어요."

"아~ 알겠다. 내 인생의 여정이 도달하길 바라는 최종 지점을 정하고, 그 범위 안에서 세부적인 목표를 정하면 큰길을 벗어나지 않는 거네. 결국 내 최종 목적지에 도달할 수 있도록. 이건 내 인생의 리스크를 확연히 줄일 수 있는 아주 좋은 방법인데?"

"맞아요. 그래서 우린 30~40년 후의 미래를 매우 구체적으로 진심을 다해 생각해봐야 해요. 그런 다음 코앞에 닥친 세부적인 목표를 정해야 하지요. 그렇지 않으면 목표가 내 삶의 주인이 돼서 많은 것을 잃을 수도 있어요. 내 삶 전체를 그 작은 목표에 억지로 끼워 맞추니까요."

"내가 사업 때문에 스트레스를 자꾸 받으니까, 뭔가 자꾸 우리 대화에서 배운 것들을 잊게 되네. 돈을 내 마음대로 통제하고 싶은데 그게 잘 안 되니까, 다이어트나 아들 진로 같은 다른 부분을 통제하면서 그 욕구를 충족하려 했나 봐."

바람에 흔들리던 촛불이 금세 중심을 찾는 것처럼, 선배는 본래의 자리로 돌아왔다. 신념을 바탕으로 상황을 통제하려는 욕구를 스스로 알아차리다니, 나는 선배가 자신을 찾아가는 모습에 감동을 받았다.

"고마워요, 선배. 저도 선배에게 참 많은 것을 배우는 것 같아요."

"오늘 밤엔 내게 무엇이 가장 중요한지, 어떤 것만큼은 피하고 싶은지, 왜 그렇게 생각하는지 곰곰이 생각해봐야겠다. 내 삶의 목적이 무엇인지 정해야겠어. 나도 고마워."

* **열 번째 비합리적 신념**: 목표를 반드시 이뤄야 한다. 먼 미래의 일은 생각해도 소용없다.

→ 세부적인 목표를 세우기 전에 내 삶의 목적을 먼저 정립하면, 내 여정의 리스크를 줄일 수 있다.

모든 가능성을 여는 목적 설정법

◆

'목적'은 나라는 사람이 궁극적으로 도달하고자 하는 가치입니다. '목표'는 이러한 목적을 이루기 위해 구체적으로, 실천적으로 세울 수 있는 도달점을 의미하지요.

우리 인생의 목적은 무엇일까요?

오늘 내가 해야 할 일이나 올해의 목표는 많이 생각하지만, 분명한 목적의식을 갖고 사는 사람은 많지 않은 것 같습니다. 하지만 목적 없이 바쁘게 살다 보면 방향을 잃고 작은 퍼즐 하나에 집중해 그 자체가 목적이 되어 살 수 있습니다. 행복은 내일로 미루고, 살고 싶은 하루가 아닌, 되는 대로 사는 하루를 보내기 쉽습니다. 자신의 가치관을 녹인 근본적인 목적이 없으면, 상황과 순간의 이익에 따라 내가 바뀌기 때문입니다. 행복한 성공을 이루기 위해 나 자신을 돌아보고, 내 인생의 목적을 설정합시다. 그리고 현재 실천 가능한 목표를 세워 목적을 향해 즐겁게 나아가면 됩니다. 물론 이 과정에서 언제 어떤 상황에서든 내 삶의 주인은 나여야 합니다.

• 모든 가능성을 여는 5가지 목적(목표) 설정법

1. 외부 요인이 아닌 자기 내면에 기준을 둔다.

그래야 실패해도 포기하지 않을 수 있습니다. 나에게 이유가 있어야 통제 가능하며 성공까지 끌고 갈 수 있습니다.

“살이 좀 더 빠지면 날씬해 보이겠지? (다른 사람 눈에도) 그럼 난 예뻐 보일 거야.”

“이걸 해내면 아내가, 부모님이 기뻐할 거야.”

“사람이 다니는 길에 이딴 걸 놓고, 내가 걸려 넘어져서 다쳤잖아!”

위의 것보다 나의 내면의 것에 기준을 삼아야 좋습니다.

“통통하니까 내가 더 귀엽네? 이렇게 귀여운데 군것질을 줄이면 더 건강해지고 활기찬 내가 되겠지.”

“저긴 어떤 장점이 있을까? 궁금하네. 한번 알아봐서 나도 해봐야겠다. 그러면 내가 기쁠 거야.”

“내가 앞을 제대로 보지 않아서 이런 것에 걸려 넘어졌구나. 앞을 좀 더 잘 보고 다녀야겠다.”

2. 문제를 피하기 위해서, 의무적인 이유로 목적(목표)을 설정하지 않는다.

“가난해지기 싫어서 돈을 번다. 먹고살려고 일을 한다.”

“세금을 내야만 하니까 싫어도 해야지.”

우리의 뇌는 찰나에 결정해야 하기 때문에 주인이 행하는 과정이 옳고 그른지는 모릅니다. 뇌는 그저 주인이 느끼는 내면의 감정을 판단의 근거로 삼지요.

문제를 피하기 위한 목표와 의무로서 해야 하는 일은 비록 진행 과정은 올바르다 할지라도, 그 과정에서 내가 느끼는 감정은 부정적입니다. 문제는 뇌는 부정적인 감정만 진짜 나의 것이라고 판단하기 때문에 주인이 가난해야 한다, 싫어하니 세금을 못 내게 만든다는 겁니다.

내가 하고 싶어서, 긍정적인 이유로, ‘지금도 좋지만 더 나아지기 위해서’라는 문장으로 목적과 목표를 설정하세요.

3. 미래 완료형으로 설정한다.

아침에 눈을 뜨면 "제발 오늘은 좋은 하루면 좋겠다"가 아니라 "오늘은 (이미) 좋은 날이다"라고 말하세요. 모든 당신의 목표를 미래 완료형으로 말하고, 이미 이룬 것처럼 담담히 과정에 임하세요. 그러면 일어나지 않은 미래이기 때문에 생기는 막연한 불안감이 낮아져 나의 에너지를 과정에 온전히 집중할 수 있습니다. 나의 평온하고 긍정적인 감정은 뇌가 긍정적인 방향으로 일을 하게 만듭니다.

"꼭 해내고 말 거야"가 아닙니다. 너무 간절한 바람은 목표한 것이 지금 내겐 없다는 결핍에서 비롯된 것입니다. 이건 성공하기 어렵습니다. 뇌는 단순하게 주인에게 없다고 느끼고, 없으니 계속 없도록 일을 만들거든요. 내가 그 목표를 달성한다고 나 자신을 진심으로 믿어야 뇌도 믿고 우주의 행운을 끌어옵니다. 내가 나를 믿지 못하면 우주도 나를 돕지 못합니다.

4. 높은 곳에서 내려다보는 습관을 가진다. 미래에 기준을 둔다.

내 앞에 있는 선택지 중에서 덜 나쁜 것, 그나마 더 나은 것을 고르는 습관은 나를 딱 그 정도만 이루는 사람으로 만듭니다. 내가 만든 틀에 나를 가두는 격이에요. 넓은 시야로 높은 곳에서 바라보세요. 목적(목표) 설정은 돈이 드는 일이 아니니까요. 더욱이 차원 높은 다른 세상으로 나를 인도합니다.

과거에서 사는 사람은 나아갈 수 없습니다. 이미 벌어진 과거를 바라보며 그때 그 문제를 피하기 위해, 그때 이룬 것을 다시 해내기 위해 목표를 설정하는 행위는 더 발전할 수 있는 나의 가능성을 차단합니다. 과거에 머무는 사람은 딱 과거의 그만큼만 이룰 수밖에 없습니다. 불안해하지 말고 나에 대한 믿음으로, 더 높고 넓은 차원에서 모든 가능성이 열려 있는 미래에 나를 머물게 하세요.

5. 상생相生의 원리를 이용해 나의 그릇을 키운다.

목적을 설정할 때 세상에 도움이 되고 싶다는 선한 소망을 담으면 더 큰 결과를 얻을 수 있습니다. 물론 내가 선한 윤리를 목적으로 설정하고 싶어도 눈앞에 닥친 이익 때문에 현실적인 선택을 할 수도 있습니다. 그러나 이것은 내가 준 긍정의 에너지가 세상 누군가를 살려 더 큰 에너지로 돌아온다는 원리를 모르기 때문에 저지르는 실수입니다.

내가 누군가에게서 받기를 바라지 않고 주는 도움이 누군가를 살리고, 그것이 다시 나에게 도움으로 돌아오는 과정은 '상생相生'의 삶을 의미합니다. 서로를 돕고 살린다는 뜻이지요. 상생의 관계는 타고난 나의 그릇 크기를 더 키울 수 있게 도와줍니다. 내가 3 정도의 그릇으로 태어났다고 해봅시다. 내가 긍정의 에너지를 담아 +3으로 누군가를 도와 그를 살립니다. 이때 그가 2 정도의 그릇을 가진 사람이라면, 그는 내가 준 +3의 에너지에 자신의 +2의 에너지를 합칩니다. 이 에너지는 내게 +5가 되어 돌아오지요. 도움을 서로 주고받는 관계는 서로를 살리기 때문에 함께 에너지의 진폭을 키웁니다. 나는 남을 통해 나의 타고난 크기와 영역을 넘을 수 있습니다. 상생의 원리를 잘 이용하면 본래 내가 갈 수 있는 목표보다 더 높고 먼 곳까지 갈 수 있습니다.

WRITER'S TIP

받기를 바라지 않더라도 나의 감정에 빠져 상대에게 에너지를 주는 행위는 진정으로 상대를 위하는 것이 아니라, 나 자신을 위한 것이기 때문에 옳게 돌아오지 않습니다. 그리고 받는 이와의 인연도 잘 살펴서 주고받아야 악연이 되지 않습니다. 채워진 올바른 내가 담담하고 편안한 감정으로 자연스레 에너지를 주면, 악연과 엮이지 않으면서 상대방도 살리고 훗날 나도 살리는 '상생'으로 연결됩니다.

신념은 사회적으로 학습된 편견일 수 있다

사촌 오빠가 텐트를 빌려달라며 우리 집을 방문한 어느 일요일이었다. 선배가 가족 나들이에서 구매한 선물을 주기 위해 우리 집에 잠시 들르겠다고 했다. 덕분에 우리 집은 손님으로 북적였다.

"야 인마, 김지훈! 너 인사도 안 드리고 가? 빨리 이리 안 와! 그리고 서영아, 인사드렸어? 어른 뵈면 인사부터 하세요. 알았지?"

사촌 오빠는 사람들에게 인사를 하지 않고 장난감 방으로 후다닥 뛰어가는 조카들을 나무랐다. 그런데 그가 자신의 아들과 딸을 대하는 태도는 매우 달랐다. 내가 텐트를 가지러 가기 위해 일어나는 사이 오빠는 마시던 생수를 비우며 말했다.

"생수통 어디에 버리지. 내가 분리수거함 정리 좀 해줄까? 우리 부인은 내가 퇴근하고 집에 와서 집안일을 그렇게 해도 나를 탐탁지 않아 해. 솔직히 이 정도 남편이면 훌륭하지 않냐?"

그때 전에 사촌 올케언니가 한 말이 생각났다.

"우리 남편은 매일 하는 설거지도 마지못해 대충 해요. 몸만 집에 있지 마음은 우리와 함께하지 않는다는 느낌이 든다니까요. 어떻게 내가 일일이 다 말해줘야 알까요? 그냥 좀 알아서 할 순 없는 걸까요?"

잠시 후 현관 벨이 울렸다. 선배 가족이었다. 큰 목소리의 선배 뒤로는 눈인사를 하는 형부와 말없이 고개 숙여 인사하는 아들이 보였다. 선배는 식탁 위에 찐빵 상자를 놓으며 말했다.

"안녕! 리온이 사촌 오빠시구나. 안녕하세요? 여기 시골에서 사 온 찐빵 좀 드세요. 커피 한잔만 마시고 집에 가자. 당신은 저쪽 소파에 가서 좀 앉아 있어 봐. 당신도 커피 마실 거야?"

형부는 고개를 저으며 소파에 가서 앉았다. 아들에게 이쪽으로 오라는 손짓을 하자, 선배의 아들은 아빠 옆쪽 바닥에 조용히 앉았다. 둘은 다소곳이 앉아 휴대폰을 보기 시작했다. 선배를 시작으로 남성스럽고 지배적인 분위기가 형부를 지나 아들에게 내리 전달되는 느낌이 들었다. 난 왠지 모를 불편한 마음으로 선배가 선물한 찐빵 상자를 열었다. 식탁 옆을 지나가던 내 딸이 찐빵을 덥석 집어서 먹기 시작하자 남자 조카아이 지훈이가 말했다.

"야, 너 손 닦았어? '잘 먹겠습니다' 하고 먹어야 할 거 아냐!"

그러자 서영이가 동생 지훈이의 말투에 대해 이야기했다.

"지훈아, 동생한테 왜 그렇게 사납게 이야기하니. 애기 울겠다."

지훈이의 말투는 자신에게 말하던 아빠의 말을 닮아 있었다.

그때 선배가 말했다.

"아들아, 왜 찐빵의 팥을 골라내며 먹고 그래? 저 꼬마처럼 남자답게 팍팍 먹어야지. 넌 형이 돼서 여자애처럼 먹고 그러니. 그나저나 리온아, 찐빵 맛있지? 어린 공주님들 목메니까 물도 좀 드세요."

문득 이런 생각이 들었다. '찐빵과 남자다움이 무슨 상관이 있지?' 짧은 시간 동안 눈앞에서 벌어지는 불편함에 웃음이 났다.

"리온아, 너 왜 웃어? 뭐가 재밌니? 같이 웃자."

"미안해요. 선배랑 사촌 오빠의 말투 변화가 재미있어서 나도 모르게 웃음이 났어요. 두 분, 딸과 아들에게 하는 말투가 다른 거 알아요?"

"내가 그랬니? 아들들한테는 아무래도 좀 툭툭 말하게 되더라고. 그렇지만 남자애들은 신경도 안 써. 네가 아들 안 키워봐서 몰라서 그래."

"남자여도 신경이 쓰일 거예요. 식물도 따뜻이 대하면 더 잘 자라는걸요. 선배, 대부분 가정에서 아들과 딸을 대하는 태도가 다른 거 알아요? 남자답게 말하고 행동해야 한다고 생각하지요. 물론 문명화되기 전에는 아이에게 젖을 물려야 하는 여자 대신 남자가 다양한 야외 활동을 해야 했어요. 그땐 남자다움이 생존에 도움이 되었을 거예요. 전쟁이 많던 시대도 그럴 수 있고요."

"지금은 아니란 거야?"

"지금 우리가 살고 있는 편리한 현대 문명을 보세요. 여성의 사회 진출이 많아요. 오빠도 올케언니와 사회생활, 집안일을 함께 분담하잖아요. 직장에서도 집에서도 여자와 남자의 구분이 크게 없다면, 도대체 남자다움은 언제 필요한 걸까요? 오빠는 어떻게 생각하세요?"

"아, 그러네. 우리 어릴 때만 해도 지금과 많이 달랐으니까. 내가 구식 사람인 건가? 어쩌지?"

"우리의 인식이 변화하는 속도보다 사회가 변하는 속도가 더 빨라서 그래요, 오빠. 하지만 이 때문에 남자도 여자도 겪지 않아도 될 문제를 겪을 수 있지요. 아들이란 이유로 많은 부모가 마음과 달리 자식의 디테일한 감정을 읽어주지 못하더라고요. 은연중에 아들에겐 섬세한 감정을 충분히 느끼기보단 남자답게, 넘어져도 씩씩하게 일어나서 과제에 집중하라고 가르쳐요."

"아, 그래서 우리 남편이 나의 감정을 공감해주거나 들어주지 않고, 자꾸 이렇게 저렇게 하라고 차갑게 해법이나 제시하는구나. 난 남편이 나한테 관심이 없어서 그렇다고 생각했는데."

선배의 말에 사촌 오빠가 대답했다.

"아이고. 남편들이 애로사항이 많아요. 우리 부인도 내가 자기

맘을 몰라준다고 하거든요? 하지만 난 우리 부인 말에 말대꾸 안 하고 열심히 들어줘요. 그런데 나보고 왜 자꾸 관심이 없다고 하는 건지 모르겠어요. 하나밖에 없는 부인인데, 관심이 없으면 내가 설거지나 빨래를 왜 하겠어요?"

선배가 조용히 소파에 앉아 있는 형부의 어깨에 팔을 걸치며 말했다. 휴대폰에 집중하고 있던 형부는 선배의 행동에 살짝 움찔했다. 선배는 말을 이어갔다.

"그런데 리온이 말은 남편이 못됐거나 내 말이 하찮아서 그런 게 아니라, 남자답게 길러져서 뭔가 감정을 읽는 데 익숙하지 않다는 거잖아요."

"네 선배. 분명 부부는 서로 사랑하고 있지만 많은 사람이 서로 연결되지 않고 있어요. 많은 남자가 마음과 달리 디테일한 감정을 읽거나 소화하는 데 어려움을 겪어요. 자라는 과정에서 아들이란 이유로 부모에게 나의 감정을 이해받고 공감받은 적이 거의 없거든요. 참는 게 익숙하지요."

오빠는 남자들이 부모와 사회로부터 공감받은 경험이 별로 없다는 나의 말에 고개를 끄덕였다.

"오빠, 올케언니도 그렇고 대부분의 아내가 열심히 사는 남편의 고충을 몰라서 불만을 드러내는 건 아니에요. 불만의 이유는 출근을 했느냐 빨래를 했느냐와 같은 과제 성취 여부에 있지 않아요. 어떤 과정에서 남편이 나와 연결되어 함께하는 느낌이 들지 않는다는 데 있지요."

"야, 어렵다. 연결되는 느낌이 뭔데?"

"남자분들은 이 말 자체가 이해되지 않을 수도 있어요. 자기 자신의 감정조차 읽기 어려워하는 경우가 많거든요. 공감받은 경험이 없으면 디테일하게 느끼며 읽어야 할 나의 감정을 무시하고 그냥 다음 상황으로 넘어가게 돼요. 해본 적이 없는 일을 어른이 되었다고 알기는 어렵지요."

"아, 나 책에서 읽은 적이 있어. 평균적으로 남자들은 이성을 이용한 과제에 집중하고, 여자들은 감정과 연관된 관계에 집중한다고. 사촌 오빠께서도 들어보셨지요?"

"네 선배. 나 자신의 감정조차 정확히 이해하거나 표현하지 못하면 그 누구와도 연결될 수 없어요. 그 결과 많은 사람이 외롭다고 느끼지요. 새로운 누군가를 사귈 땐 잠시 괜찮다가 시간이 지나면 다시 외로워져요. 이때 우린 착각을 합니다. '옆에 있는 사람이 나와 맞지 않는구나, 내겐 새로운 사람이 필요하다'라고요."

"어머나! 그게 바로 바람을 피우게 되는 이유인가 봐. 저런…. 그래서 우리 아버지가 그렇게 새로운 사람들을 만나고 헤어지고 그러셨구나. 아버지는 무엇을 해도 계속 외로웠던 거야."

선배의 남편은 휴대폰 사용을 멈추고 우리의 대화를 조용히 듣기 시작했다.

"오빠와 선배는 자신도 모르게 아들에겐 더 투박하고 거친 단어, 어조를 사용했어요. 그리고 아빠의 그 말투를 지훈이는 그대로 따라 했지요. 아들에게도 사랑하는 마음을 있는 그대로 표현하면 많은 것이 더 좋아질 거예요. 그리고 무엇보다 내가 느끼는 감정이 무엇인지 잘 살피다 보면 자연스레 상대방의 감정도 읽을 수 있게 될 거예요."

그때 소파에 걸터앉아 씩씩하게 남편의 어깨에 팔을 걸치고 있는 선배와 다소곳이 소파에 앉아 있는 형부가 보였다. 난 이야기를 이어갔다.

"'남자다움'이 만드는 두 번째 문제는, 어찌 보면 첫 번째와 반대되는 개념이에요. 갓난아기인데도 평균적으로 딸과 구별되는 아들의 공통된 행동 특성이 있더라고요."

"그게 뭔데?"

"얼마 전 편견에 관한 다큐멘터리를 봤어요. 기저귀를 차고 옹알이를 하는 아기에게 엄마가 아파하는 흉내를 내는 거지요. 놀랍게도 남자아기들은 신경을 안 쓰거나 웃더라고요. 여자아기는 엄마를 만지며 심지어 울기까지 하고요."

"아니, 엄마가 아프다는데 옆에서 웃어? 남자아기는 그렇다고?"

"공감하는 능력이 평균적으로, 상대적으로 남자아기보다 여자아기가 높았어요. 어느 정도 타고난 면이 있다는 거예요. 그럴 수

밖에 없는 부분이 있어요. 왜냐하면 생명이란 건 놀랍도록 복잡하고 정교해서 생존과 관련된 지식은 유전 체계를 통해 오랫동안 전달되거든요."

그때 형부가 자신의 어깨를 누르던 선배의 팔을 치우며 말했다.

"미로를 통과해본 어미 쥐가 낳은 새끼는 배운 적이 없어도 그 미로를 빠르게 통과한다는 연구 결과가 있더라고요. 나의 숨이 끊어졌어도 내가 살면서 경험한 지식은 유전자에 기록되어 후세에 물리적으로 전달되고, 오랜 세월 동안 쌓이고 굳어지는 겁니다."

나는 형부의 행동에 마음이 편안해져 빙긋이 웃으며 답했다.

"네. 그렇군요. 말씀 감사해요. 오랜 세월 인류가 진화하면서 생존을 위해 기록, 전달한 남자다움이 우리 몸속에 존재할 수 있다고 생각해요. 남녀의 평등이 가능한 시대는 인류의 생존 기간에 비해 얼마 안 되었으니까요. 이렇게 보면 남녀 평등이란 관점에서 본 남자다움이 또 다른 편견이 되기도 해요. 어떤 면에선 남녀가 다르지 않다고 학습한 것이지요."

형부는 말하는 나를 보며 처음으로 미소 지었다. 자신이 찾고 있던 어떤 내면의 목소리를 찾은 것처럼 보였다.

"지금 사회가 빠르게 변화하는 만큼, 더 행복하고 건강하기 위해서 우리는 유연해질 필요가 있어요. 상황에 맞는 다양한 모습으로 서로 상호작용을 하면서요. 그러려면 나의 신념이 진짜 내 것인지 돌아볼 필요가 있어요. 사회에서 학습된 건 아닌지 말이에요."

나는 사촌 오빠에게 찐빵 한 상자와 텐트를 챙겨주었다. 오빠는 집에 가서 자신과 올케언니의 마음을 잘 읽어봐야겠다며 자리에서 일어났다. 그때 형부가 소파에서 일어나면서 말했다.

"이야기 잘 들었습니다. 이제 당신도 집에 갈 채비를 하지 그래? 우리 집에 가서 할 일이 많아. 당신이 지금 집에 가서 좀 쉬어야 내일 오전에 운동 빠지지 않고 갈 수 있지. 안 그래? 아들아, 이제 휴대폰 끄고 그만 일어나렴. 여기 엄마 친구분께 인사드리자."

선배가 지시하는 대로 따르던 형부가 상황을 정리하며 부드럽게 선배와 아들을 이끄는 모습을 보였다. 선배는 그런 남편의 부드럽지만 강한 이끌림에 자연스럽게 반응했다.

"어… 그래 여보, 고마워. 웬일이래 우리 남편이 이렇게 나를 다 챙겨주고. 리온아, 그럼 나 갈게."

형부는 선배의 손을 잡고 현관 쪽으로 걸어갔다. 선배는 형부의 그런 행동이 내심 좋은지 웃고 있었다. 그때 선배의 아들이 말했다.

"안녕히 계세요."

선배 아들의 목소리를 처음으로 들었다. 씩씩하고 밝지만 한편으론 지배적인 선배의 분위기에 눌려 있던 형부가 깨어나면서, 세 가족의 자기 내면 욕망이 자연스레 함께 채워지는 순간이었다.

10가지 재료로 나의 '신념' 만들기

1. "너 때문이야, 그 일 때문에"라고 하지 않는다. 이유는 내 안에 있어야 통제 가능한 것이 된다. 다 내가 할 수 있다.

나의 부정적 감정의 이유가 되는 대상을 내 안에서 찾지 않고 외부에서(사람, 사물, 시공간 등) 찾는 행위는, 나를 잘 알지 못하거나 나를 아는 것이 두려워서이다. 내 삶의 모든 이유는 내 안에 있다. 내 이유여야 그것을 내가 통제하고 변화시킬 수 있다. 계속 남 탓을 하면, 내가 통제할 수 있는 게 아니기 때문에 나는 나아질 수 없다.

2. 결정 과정에서 '남이 나를 어떻게 생각할까'를 고려하지 않는다. 내가 하고 싶어서 행동한다.

아무리 훌륭한 목적을 가진 생각이라도 타인에 기준이 맞춰지면, 뇌는 주인의 진짜 생각이라고 느끼지 못한다. 뇌는 단순해서 빠른 것, 가까이 있는 것을 기준으로 판단한다. 타인에 기준을 맞춘 목표는 추구하는 과정에서 내가 부정적인 감정을 느낄 수밖에 없다. 내게 맞는 옷이 아니기 때문이다. 뇌가 '무의식 틀'을 만들 때 가까이 있는 기준은 타인이 아닌 '나'이고, 빠른 기준은 '내가 느낀 감정'이다.

3. 문제를 피하기 위해 행동하지 않는다. 내 목적을 위해 행동한다.

'암에 걸리면 안 되니까 꼭 건강검진을 한다, 가난이 싫어서 일을 한다….' 이런 생각들은 불안을 낳는다. 아무리 운동을 하고 건강식을 먹어도, 그것과 별개로 뇌는 불안한 감정을 읽고 주인이 지금 건강하지 않다고 느낀다. 그리고 주인이 부자라고 느끼지 못한다. 뇌는 단순하고 빠르게 느낀 대로 결정한다. 그래서 뇌는 무의식 세계를 통해 우주 에너지와 협력해 주인이 계속 건강을 잃도록 일을 꾸미고, 가난을 겪도록 일을 꾸민다.

4. "유명한 전문가가 그랬대"라며 밖에서 이유를 찾지 않는다. 내 기준으로 나를 위해서 행동한다.

친구들은 모두 ⓐ을 선택하는데 나만 ⓑ를 선택하면 왠지 좀 그렇다. 그래서 나는 친구와 같은 것으로 선택을 바꾼다.

"내가 하려는 일을 왜 해야 하는가? 무엇을 위해 하는가?"라는 질문에 내가 하고 싶어서, 내가 무언가를 이루기 위해가 아니라 "친구가, 유명한 사람이, 전문가가 했으니까"라고 대답한다면, 당신에게 지금 필요한 것은 더 정확한 외부 정보가 아니라 자신에 대한 믿음이다.

5. 데이터 수집이 그렇게 중요한가? 현실적인 노력과 객관적이고 냉정한 상황 파악은 근거일 뿐, 그 자체가 목적이 될 수 없다.

자신에 대한 믿음이 부족한 경우 데이터를 수집하는 일 자체에 집중하는 경향이 있다. 시험공부를 하기 위해 공부방을 정리하기 시작했는데, 밤새 방 정리만 하다 잠들어버린 학생이 그런 예다. 깔끔한 주변 환경이 공부에 도움이 될 것이라 위안하며 공부해야 하는 현실을 외면하고 있다. 내가 목적한 바를 이루기 위해 할 수 있는 최선은 그냥 그 일을 하는 것이다. 실패가 두렵고 자신에 대한 믿음이 부족하면, 실패를 막기 위한 데이터를 수집하는 일에 몰두한다. 많이 안다고 성공하는 게 아니다. 불안은 불운을 끌어당길 뿐이다.

6. 실패는 또 다른 기회이다. 포기하지 않고 내면의 목적을 생각한다.

부정적 감정이 습관화되어 있거나 자동화된 경우에는 목적을 위해 행동할 때 집중하기가 힘들다. 성공을 위해 온전히 나의 열정을 집중해야 할 나의 에너지가 실패를 미리 걱정하고 두려워하는 쪽으로 분산된다. 실패하면 그럴 만한 이유를 찾아 위안한다. 그러나 실패가 전혀 없는 성공의 길은 세상에 존재하지 않는다. 때문에 실패에서 멈추지 않고 이를 성공의 발판과 수단으로 삼아야 나아갈 수 있다. 이때 좌절하지 않고 다시 일어서기 위해 필요한 것은 내면의 힘이다. 추구하는 일의 목적이 내면에 존재하는 사람은 성공할 때까지 도전할 수 있다.

7. 과거에 얽매이지 않는다. 냉정한 판단 이후에는 긍정적 미래의 목적을 위해서 행동한다.

과거는 내가 어떻게 생각하느냐에 따라 달라진다. 남자 친구가 나를 떠났다면, 객관적으로 판단한다. 내가 못났기 때문이라고 생각하거나 나쁜 놈이라고 분노하기보단, 더 좋은 사람을 만나거나 새로운 것을 배울 좋은 기회라고 생각한다. 그리고 긍정적인 미래 목적을 위해 새로운 것 배우기라는 행동을 한다.

8. '~하면 한다, ~했으면 내가 했지'라고 하지 않는다. 옳은 것이면 하고 그른 것이면 거절한다.

'돈이 모이면 집을 살게. 당신이 하는 거 봐서 내가 할게.' 이런 생각 역시 불안해서 그렇다. 미래 실패에 대한 상처가 두려워서 안전하다고 느낄 상황이 되어야 결정하고 행동하겠다는 생각이다. 불안이 근본에 존재하는 모든 생각과 행동은 불운만 불러올 뿐이다. 해야 하는 일이고 옳은 것이면 지금 하면 된다. 그른 일이고 하지 않을 일이면 거절하면 된다. 거절이 힘든가? 거절에 대해 고민하는 것은 상대방의 평가가 두렵기 때문이다. 자신에 대한 믿음이 있으면 두렵지 않다.

9. 싫어하는 순간 그 일을 잘하기는 어렵다. 싫어하지만 않아도 괜찮아진다.

옳지 않은 것은 가까이하지 않으면 된다. 싫어하는 것과 옳지 않아서 멀리하는 것은 다른 행위이다. 전자는 내가 고통스럽고, 후자는 나를 편안하게 만든다.

→ 교과 선생님을 정말 싫어하다 보면 그 과목 성적이 좋아지기 어렵다. 살면서 '나는 OO가 싫어'라는 생각과 말만 안 해도 많은 부분이 좋아진다. 마스크가 답답해서 싫었는데, 소개팅 날 입술이 심하게 부르텄다면 마스크가 고마울 것이다. 이 세상 모든 것은 가치 중립적이다. 내가 그렇게 생각할 뿐이다.

10. '물이 반밖에 없어'보다는 '물이 반이나 있네'라고 긍정적으로, 낙관적으로 생각한다. 행운을 끌어당긴다.

아무리 사소하고 작은 것이라도 비어 있는 곳보다 그 옆에 채워진 것을 바라보고 감사하게 생각해야 한다. 우리 뇌는 단순해서 '무의식 틀'을 만들 때 내가 현재 느끼는 감정에 기초해서 결정한다. 아무리 긍정적인 목표에 대한 생각이더라도 '결핍'에 집중한 문장은 긍정적인 느낌을 줄 수 없다. 뇌는 주인이 '결핍'에 해당하는 사람이라고 판단하고 불운을 끌어온다. '가진' 것을 발견하고 의식적으로 알려고 노력할수록 뇌는 주인이 많은 것을 가진 사람이라고 생각한다. 그리고 계속 가질 수 있게 우주의 긍정 에너지를 끌어당긴다.

WRITER'S TIP

나의 신념이 진정으로 내 안에서 형성된 나의 것인지 돌아볼 필요가 있습니다. 비합리적 신념을 찾아내 눈을 가리던 안개를 거둬냄과 동시에, 나의 신념이 정말 나의 것인지도 살펴야 합니다.

4부

과거와 화해해야 나아갈 수 있다

셀프 힐링의 시작, 나의 가장 깊은 곳으로

어느 날 오전 선배에게서 전화가 왔다.

"너 집이니? 딸은 학교 갔지? 나 아버지 산소 갔다가 올라가는 길인데 너희 집 근처를 지나가네. 시간 되면 잠깐 만나서 차 마실까? 아마 20분 내로 도착할 거야."

생각지 않게 선배를 우리 집 근처에서 만나니 반가웠다. 선배에게 이른 점심을 대접하고 싶어 샤부샤부 뷔페를 찾았다. 식당 오픈 시간까지 30분이 남았다. 우린 함께 근처를 산책하기로 했다.

"아버지 산소에 다녀왔어. 거의 20년 만인가 봐. 어제 TV를 보는데 부모님 모시고 여행 중인 내 또래 여자분이 나오는 거야. 그 사람이 왜 그렇게 부럽던지. 우린 여행은커녕 아버지가 바람만 피우다 일찍 돌아가셔서 가족 모두 고생을 많이 했는데, 그 사람은 얼마나 좋았을까. 부모님과 찍은 사진을 보여주는데 행복해 보이더라."

"그랬군요. 제가 선배였다면 참 힘들었을 것 같아요."

"응. 난 지금도 연세 있으신 어른들 뵈면 부모님 생각이 나서 마음이 편치가 않아. 엄마가 시장에서 장사하면서 우리 남매를 혼자 다 키우셨지. 참 쉽지 않았어. 난 친구 생일날 처음으로 햄버거라는 걸 먹어봤어. 친구 아버지가 우리한테 딸 생일을 축하해줘서 고맙다고 인사하는 거야. 내 생일날 우리 아버지는 다른 여자 집에 있었는데, 순간 가슴을 망치로 맞은 것 같았어."

선배에게서 부모로부터 상처받은 어린아이가 보였다. 마음이 아팠다.

"한번은 엄마가 장사하다 다치셨어. 병원에서 보호자를 데려오라는데 아버지가 연락이 돼야 말이지. 우린 다 너무 어리고. 참… 그땐 차라리 아버지 죽었으면 좋겠다고 울며 말했는데, 어느 날 진짜 돌아가시더라. 아버지랑 대화 한번 제대로 해본 적 없는데 그렇게 돌아가시니까, 그 죽음이 나 때문인 것 같았어. 아버지가… 나를 용서해줄까."

어느새 선배는 자신을 에워싼 수많은 상처를 지나 깊은 곳, 자신의 뿌리에 와 있었다. 나는 선배의 흐느낌이 잦아들 때까지 기다려주었다.

"선배, 우리가 인생을 살면서 수많은 선택을 하지만, 그중에서 어쩔 수 없이 이어지는 유일한 인연이 부모인 것 같아요. 우리 자신을 그릇으로 표현한다면, 이 세상엔 똑같은 그릇은 단 하나도 없을 거예요. 이 세상의 모든 것은 각자의 사명을 가지고 태어나 자기 쓰임새에 맞는 그릇으로 살기 때문이에요. 선배는 자신이 어떤 그릇 같으세요?"

"음… 나는 어떤 그릇일까? 속이 빤히 보이는 데다 단단해 보이지만 알고 보면 잘 깨지니까, 유리그릇이 떠오르네."

"반짝반짝 빛나는 투명한 유리그릇이라, 정말 선배를 말해주는 것 같네요. 저는 선배를 생각하면 따뜻한 햇살을 가득 담을 수 있는 반듯하고 큰 그릇이 떠올라요. 그런데 어떤 사람은 좁고 좁아서 속이 얼마나 깜깜한지 하나도 보이지 않는 그릇 같기도 하고, 어떤 사람은 이것저것을 너무 많이 담아서 넘치는 그릇 같기도 하지요. 이번엔 선배 아버지의 그릇을 생각해볼까요? 무엇이 떠오르세요?"

"으음… 글쎄. 내가 생각하고 싶지 않나 봐. 바로 떠오르지는 않는다. 그래도 꼽아야 한다면, 나무로 된 작고 낡은 술잔이 떠올라. 술이 찰랑찰랑하게 담겨 있는. 근데 그 옆에 불이 있어. 언제 불에 탈지 몰라."

선배의 목소리는 흔들렸다. 감정이 북받쳐 눈물이 나는 걸 애써 참는 것 같아 보였다. 나는 따뜻한 나의 마음을 담아 선배의 손을 잡았다. 그리고 우린 따뜻한 식당 안으로 들어갔다. 평일 이른 시간이어서 그런지 직원들은 오픈 준비로 바빴고 손님 없는 식당은 조용했다.

"선배, 오늘은 제가 맛있고 따뜻한 음식을 대접할게요. 이 식당 음식이 아주 맛있어요."

식사를 주문하자 직원은 우리 테이블에 샤부샤부 육수가 담긴 냄비와 고기, 물을 가져다주었다. 육수가 끓는 동안 선배는 따뜻한 온기를 느끼려는 듯 물잔을 두 손으로 감쌌다. 나는 끓는 육수에 채소와 고기를 넣었다 건지며 이야기를 이어갔다.

"아버지가 작은 나무 술잔이라면, 선배의 그릇이 더 클 것 같네요. 인류는 오랜 세월을 위에서 받은 사랑을 그대로 아래로 주면서 생명의 순환을 이어왔어요. 자식이란 부모에게 받기만 하는 존재이지요. 그런데 때론 자식의 그릇이 부모의 것보다 커서 자식이 부모를 품어야 할 때도 있어요. 자식은 태어난 것만으로도 부모에게 빚진 것이 없는 존재인데 말이에요."

"부모를 품다니, 듣기만 해도 가슴이 답답하다. 감정이 복잡해. 화가 나기도 하고, 억울하기도 하고, 슬프다가 다시 미안한 감정이 들어. 내가 요즘 돈에 허덕이며 살아서 더 힘든가 봐. 난 왜 이 모양일까?"

누구나 내 상처의 끝을 따라가 보면 그곳에는 나의 어린 시절과 내 양육자가 있다. 그곳이 나의 뿌리이자 시작점이라서 그렇다. 내 시작점을 대면한다는 건 나의 뿌리가 흔들릴 정도로 힘든 일이다.

"돈 때문에 더 힘든 게 아닐 수도 있어요. 선배, 살면서 화가 나고 슬픈 감정을 우리는 언제 느끼게 될까요? 대부분은 내 뜻대로 되지 않았을 때예요. 우리는 내가 원하는 바와 다른 결과를 맞으면 그 안에서 제3의 눈을 가지기가 쉽지 않지요."

"난 지는 거 아주 싫어하잖아. 그런데 모든 것은 가치 중립적이라는 너의 말을 듣고부터 생각이 좀 바뀌었어. '위기는 곧 기회다'라는 말의 산증인이 나더라고. 대학 졸업하고 IMF 여파로 취직을 못 할 땐 내가 실패자 같았거든. 하지만 그 덕에 내가 원래 하고 싶었던 변호사가 되었으니 위기 덕분에 새로운 길을 찾은 셈이지. 지금 겪는 내 위기도 새로운 길로 연결될 수 있으려나?"

"그럼요. 마음먹기 나름이에요. 실제 우리가 살면서 겪는 많은 문제 상황은 내가 생각을 바꾸면 해결되는 부분이 많아요. 관계도 마찬가지고요. 담담한 마음으로 내 그릇을 넓히고 키우면 돼요. 많은 것을 품을 수 있게요. 내 안에 많은 것을 담고 품을수록 나는 다양한 해법을 찾을 수 있으니까요."

선배 앞에 놓인 접시 위 고기는 말라 있었다. 국자로 육수를 떠서 선배의 그릇 위에 뿌리자 다시 음식이 촉촉해졌다. 선배는 젓가락을 들어 고기 한 점을 소스에 찍어 먹었다.

"내 그릇을 넓혀서 대상을 품는 것을 부모와 자식의 관계로 확장시켜볼까요? 부모에게 내가 원하는 사랑을 받지 못하거나 상처받았을지라도 내가 답답하고 슬픈 심정을 갖지 않을 수 있어요. 다시 말하지만, 세상 모든 건 동전의 양면 같아서 생각하기에 따라 반드시 단점에서 장점을 찾아 키울 수 있거든요."

"네가 우리 부모를 잘 몰라서 하는 말이야. 얼마나 힘들었다고. 솔직히 부모 복 없는 삶에 장점이 뭐 있니? 속상해. 도대체 내가 얼마나 부족한 아이였기에 부모에게 버림받은 걸까."

그때 식당 안으로 아기를 안은 엄마와 할머니가 들어왔다. 식당 자리에 앉아 아기 띠를 풀자마자 아기는 무엇이 불편한지 울기 시작했다. 아기 엄마는 웃으며 아기 뺨에 뽀뽀를 했다.

"선배 아들 키울 때를 떠올려볼까요. 아기가 아장아장 걷다가 장난감을 밟았어요. 마침 즐겁게 노느라 졸리고 배고픈 것도 잊고 있었던 참에 아기는 울고 싶어져요. 아기가 울면서 이렇게 말하는 거예요. '엄마 미워! 으앙~.' 아기가 엄마에게 밉다고 울면서 소리쳐요. 자, 선배는 느낌이 어때요? 어떤 생각이 들어요?"

"글쎄, 귀여운데? 웃음이 나면서 아기를 안아서 젖이나 이유식을 먹이고 재워야겠다는 생각이 들어."

"맞아요. 저도 그래요. 아기가 분명히 밉다는 부정적인 말을 했는데도 화가 나지 않지요. 물론 옆에 있던 아기 친구는 같이 '으앙' 하고 울지도 몰라요. 하지만 선배는 따뜻한 마음으로 위에서 아기를 내려다보았어요. 아기가 단순히 졸리고 배고파서 한 말일 뿐 엄마를 정말 미워하는 게 아니라는 것을 아니까요."

"그렇지. 기저귀 찬 아기들과 부모가 아기를 내려다보는 시선은 다르지. 아기 친구는 딱 아기의 눈으로 옆에서 보니까 그것이 전부라고 생각해서 울음을 터뜨리는구나."

"네. 설사 아기가 나를 반하는 언행을 하더라도, 나는 부모로서 위에서 따뜻한 눈으로 내려다보기 때문에 우리와 상황에 대한 믿음이 있고 괜찮은 거지요. 그렇다면 자식인 나는 부모를 어떤 시선으로 바라보게 될까요?"

"내가 우리 아버지를 볼 때? 아아… 대부분 나는 아버지를 올려다보고 있어. 내가 자식이고 아버지는 부모의 위치에 있으니까. 그런데 네 질문의 요지는 거꾸로 내가 부모를 위에서 내려다보면 다르게 느껴질 거란 말 같은데?"

"맞아요, 선배. 자식은 부모에게 당연히 받아야 하는 존재지만, 내가 딱딱한 의무나 어떤 두렵고 슬픈 감정이 아닌 편안하고 따뜻한 마음으로 부모를 위에서 내려다볼게요. 내 마음에 어떤 변화가 생길까요?"

"글쎄… 잘 모르겠어. 난 아버지란 단어를 듣는 것조차 마음이 편치가 않아. 우리가 여태까지 나눈 대화 중에서 오늘 가장 마음이 불편한 것 같다."

나는 테이블 위에 놓인 선배의 손을 잡았다. 그녀는 나의 눈을 아이처럼 물끄러미 바라보았다. 선배의 아이 같은 눈동자 속에서 바람에 하염없이 흔들리는 촛불이 보였다.

"선배의 반듯하고 큰 유리그릇을 따뜻한 햇살 아래서 점점 크게 키운다고 상상해보아요. 높은 곳에서 내려다보니 선배의 그릇에 집도 들어가고 산도 들어가고 도시도 들어가면서 점점 커져요. 그 상태에서 마지막으로 선배의 커다란 그릇에 아버지의 나무 술잔을 놓아볼까요. 아버지의 술잔이 어떻게 보이나요?"

"아버지의 술잔이 아주 작아 보여. 그렇게 생각하니까 답답하던 마음이 조금 편안해졌어. 내 그릇에 산도 있고 강도 있고 사람들도 담겨 있으니 내게 많은 힘이 실린 것 같아서 말이야. 내 그릇을 키운다고 상상만 했을 뿐인데 이렇게 내 마음에 힘과 여유가 생기는구나."

"맞아요, 선배. 내 그릇으로 부모의 그릇을 품을 수 있게 되면, 세상에 사랑으로 주고받지 못할 관계가 없어요. 부모 자식이라는, 받기만 해도 되는 유일한 관계에서도 내가 따뜻한 마음으로 상대를 품었으니까요."

"그래. 아버지를 내려다보면서 내 그릇을 점차 확장한다고 생각해볼게. 인내심을 갖고 하나씩 해보자."

"네, 선배. 자신을 사랑하고 믿으면 못 할 것이 없어요. 그동안 선배의 마음에 힘이 많이 생긴 것 같아요. 따뜻한 마음으로 내려다보아요. 자신을 확장해서 상대를 품을 수 있으면, 선배에게 가득해진 힘을 발판 삼아 어디에나 유연하게 연결될 수 있어요. 그러면 자연스레 마음의 평화도 생기고 문제를 해결할 수 있는 아이디어도 떠오를 거예요. 선배는 할 수 있어요. 선배는 자신에게 가장 소중한 사람인걸요."

선배는 촉촉하게 젖은 눈망울로 미소 지었다. 선배는 자신의 가장 깊은 곳에 존재했던 상처의 뿌리 한가운데로 들어가고 있었다. 내가 뿌리 상처를 마주했을 때 그랬던 것처럼, 곧 선배도 온몸이 끊어지는 것 같은 고통을 느끼게 될 것이다. 나의 전부였던 사람들이 내게 준 상처를 샅샅이 마주한다는 건 나의 존재를 뿌리째 흔드는 일이다.

하지만 우리는 자신의 뿌리에 숨겨진 상처가 주는 고통이 세상이 무너지는 것처럼 클지라도, 정면으로 마주해도 괜찮다. 우리는 여전히 안전할 것이다. 그 비밀은 '나'라는 생명이 탄생하는 순간에 있다.

상처로 얼룩진 가족도 괜찮아

선배는 뷔페 음식들 사이를 걸으며 연신 심호흡을 했다. 자신이 현재에 머물고 있음을 느끼려고 노력하는 것 같았다. 나는 육수에 칼국수를 넣으려고 냄비 안의 건더기를 한쪽 그릇에 옮겨 담았다. 그런데 단호박이 보이질 않았다. 분명히 아까 갖은 채소를 모두 넣었는데 이상했다.

“리온아, 나는 의지가 약한가 봐. 아버지 이야기를 하니까 집에 가서 다 잊은 채 이불 뒤집어쓰고 자고 싶다. 네가 알려준 대로 심호흡도 하고 느끼면서 감사하려고 노력해도 잘 안 돼. 과연 내가 나만의 문을 열 수 있을까?”

“선배는 생각보다 강하고, 누구나 내면에 치유할 힘을 갖고 있어요. 자신을 믿으세요. 선배는 어릴 때 상처받는 장면을 떠올리며 과거의 감정과 마주하고 있어요. 그 상처는 오랜 세월 선배를 좌지우지했어요. 선배가 지금까지 악착같이 공부하고 일하면서 살았을 만큼요. 그런 과거를 다시 떠올리는 과정이 쉽고 편할 리가 있나요."

"그래, 맞아. 너도 상처를 극복하고 행복해졌으니까 나도 할 수 있을 거야. 도망가지 말고, 다시 마음을 편하게 가져보자."

"그럼요. 방금 다 잊고 외면하고 싶다고 했지요? 어린 선배는 도저히 견딜 수가 없어서 과거의 상처를 보이지 않는 무의식 세계에 묻어두었어요. 오늘을 살기 위해서는 이 상처가 머릿속에서 사라져야 하니까요. 하지만 선배, 영원히 도망갈 수는 없어요. 외면한다고 상처가 사라지는 건 아니니까요."

나는 선배의 손을 잡으며 말했다.

"선배가 용기를 내서 부모님에 대한 기억을 떠올리는 순간, 그 용기만큼 큰 치유의 힘을 스스로 가지게 된 거예요. 자신을 믿으세요."

"나는 내가 아들 낳고 변호사 일도 하면서 잘 살고 있다고 생각했거든. 그냥 나이 먹고 아플 때가 되었나 보다 생각했지. 내가 전혀 괜찮지 않다는 걸 그동안 몰랐어. 사실 내가 엄청 학대받으며 자란 건 아니니까, 누구나 이 정도 상처는 있을 수 있고 대단한 게 아니라고 생각했지. 힘들다고 유난 떨지 말고 할 일이나 열심히 하자고 말이야."

"많은 사람이 자신은 괜찮다고, 자신의 어린 시절은 지극히 정상이었다고 생각해요. 저도 그랬으니까요. 그러나 바위나 모래알이나 물에 가라앉는 건 마찬가지에요. 이 세상에 과거의 상처로부터 자유로운 사람은 그 누구도 없답니다."

어느새 칼국수가 뽀얗게 익었다. 나는 선배의 앞 접시에 팔팔 끓는 칼국수를 담아 건네주고, 죽을 만들기 위해 남은 국물을 국자로 퍼내었다. 그때 냄비 바닥에 가라앉은 단호박이 보였다.

"선배, 예전에 상담을 하러 온 한 의뢰인이 이런 말을 했어요. 정신과 치료를 받거나 상담, 명상을 해도 좀처럼 불안과 우울감이 나아지지 않는다고요. 저는 왜 우리가 노력을 해도 행복이란 차원으로 올라가지 못하고 계속 제자리로 돌아오는 건지 많이 고민했어요. 그건요 선배, 자신의 상처 뿌리에 접근하지 못해서 그래요."

"응, 그래. 네가 전에 이야기한 적이 있어. 진짜 원인을 모르니까 나의 노력이 곁가지에서 맴도는 거라고. 그러다가 지쳐서 포기하게 된다고."

"네. 무의식 세계는 수면 아래 감춰진 빙산과 같아요. 눈에 보이질 않지요. 깊은 상처는 찾기가 쉽지 않아요. 찾으려면 마음을 활짝 열어야 합니다. 어떤 상황에서도 자신이 안전하다는 걸 믿어야 해요."

"무슨 말인지 알아. 하지만 내가 어릴 적 이야기를 하면 할수록, 다른 고민들과는 다르게 복잡한 심정이 끓어올라. 나도 다른 사람들처럼 사랑하는 내 부모를 멋있는 사람으로 기억하고 싶은데, 과거를 떠올릴수록 차마 마주하기 힘들 만큼 일그러진 나의 과거와 부모가 보이거든."

"맞아요. 비록 우리는 부모로부터 상처받았지만, 동시에 어린 시절의 우리에게 부모는 전부였지요. 부모는 우리가 유일하게 기댈 수 있는 사람이었고, 온 생명을 다해 사랑한 존재니까요. 그런데 그런 부모가 자신에게 상처를 주는 장면을 생생하게 떠올리려니 얼마나 괴로운 일이겠어요. 심지어 이 세상엔 악의를 가진 누군가가 저지른 만행으로 심각한 신체적, 정신적 장애를 입은 사람도 많지요."

선배는 물을 마시고 심호흡을 했다. 괴로운 감정에 굴복하지 않고 집중하려고 노력하는 것 같았다.

"리온아, 내가 아들을 키우면서 우울증이 심하게 왔거든. 내가 자식을 낳아 키우다 보니 내 부모가 더 이해되지 않는 거야. '그때 내가 우리 엄마였으면 어떻게 행동했을까?', '내가 아버지였다면 그렇게 하지 않았을 텐데. 내가 좀 더 강하게 내 의사를 표현했어야 하는 건데'라는 생각이 들어."

선배는 다시 울먹이기 시작했다.

"내 과거가 송두리째 부정당하는 기분이 들고, 내 어릴 때를 생각할수록 우리 집의 못나고 나쁜 기억만 떠오르는 것 같아 슬프고 괴로워. 마치 나의 가장 수치스러운 치부를 드러내는 것 같아."

선배는 음식을 먹을 생각이 없어 보였다. 선배는 가만히 눈을 감더니 견디기 괴로운지 이내 눈을 뜨곤 창밖을 한참 바라보았다.

"저도 그래요. 나의 과거와 마주하다 보면 크고 작은 상처를 발견해요. 상처받았지만 어디서도 치유받지 못해 덩그러니 남겨진 어린 시절의 내가 보이지요. 이건 매우 괴롭고 고통스러운 과정이에요. 하지만 선배, 괜찮아요. 정말 괜찮아요. 선배의 상처가 가볍다고 무시하거나 선배가 아파도 된다고 말하는 게 아니에요."

"난 괜찮지 않은데, 괜찮다니. 나는 내 부모가 내게 준 상처 때문에 고통스러워서 그 어떤 행복과 사랑도 잘 느껴지지 않는단 말이야. 하나도 감사하지 않은데, 어떻게 괜찮다는 거야?"

"그건요 선배…. 비록 어린 시절의 가정환경이 완벽하지 않았고 누군가에게 상처를 받았더라도, 우리가 태어나던 순간 그 안에는 사랑이 있었거든요."

우리가 태어나던 순간 그 안에 사랑이 있었다는 나의 말에 순간 선배의 눈동자가 흔들렸다.

"선배가 시간을 거스를 수 있어서, 부모의 어린 시절과 그들이 결혼을 하고 돈을 벌고 아이를 낳으며 늙어가는 과정을 하나씩 볼 수 있다고 가정해봐요. 선배는 옆에서 부모님을 지켜보면서 그들의 인생을 함께 경험하고 느껴요. 그러다 보면 선배는 알게 될 거예요. 부모가 사실은 선배를 진심으로 사랑했다는 걸요. 어느 부모나 자식을 사랑하거든요."

선배의 두 뺨을 타고 눈물이 주르륵 흐르기 시작했다. 선배는 입술을 깨물고 울었다. 그런데 선배의 표정이 복잡 미묘해 어쩌면 우는 것이 아니라 웃는 것인지도 모르겠다는 생각이 들었다.

"선배, 알고 보면 부모님들도 그들의 부모에게 받은 상처를 치유하지 못한 채 자신도 모르게 자식에게 그대로 행동했을 뿐이더라고요. 고된 환경에서 미숙한 사람으로 미숙한 선택을 한 거예요. 올바른 사랑의 표현 방법을 모르고 그래도 되는 줄 알았을 뿐, 그들은 자기 나름의 사랑을 했더라고요. 진심으로요."

"아, 우리 부모님은 나를 사랑했구나. 그래서 우리가 엉망진창인 가정이었지만 괜찮다는 말이구나."

"선배가 받은 상처는 옳은 것이 아니에요. 반드시 우리는 그것을 직면하면서 분명히 치료해야 하지요. 하지만 그렇다고 해서 선배가 자신의 과거를 통째로 부정하지 않아도 돼요. 겉으로는 어린 내게 준 상처였고 오래 함께하지 못했거나 불완전한 가정의 모습이었다 할지라도, 그 안에는 '사랑'이 있었으니까요."

"그래, 고마워. 내가 부모로서 생각해보면 당연히 자식을 사랑했을 텐데, 그동안 나는 아버지, 엄마가 나를 사랑한다고 생각한 적이 없었던 것 같아."

"선배가 집중해야 할 일은 이 상처를 반드시 직면하고 치유해서 다시는 되풀이하지 않도록 하는 거예요. 선배가 사랑하는 사람들, 아들과 딸, 형제, 친구들, 배우자, 연인, 동료들에게 똑같은 상처를 주지 않아야 하니까요. 우리의 깊은 곳에 자리한 '상처받은 어린아이'가 비합리적인 신념과 생각으로 지금의 나를 마음대로 휘두르지 않도록, 자신을 치유해야 하지요."

티슈로 눈물을 닦고 코를 풀던 선배와 눈이 마주쳤다. 선배의 눈에서 '나는 이 고통스러운 감정에 굴복하지 않고 직면하고 말 거야'라는 의지가 느껴졌다.

"우리가 스스로를 치유해서 건강한 자아를 찾고 행복하게 하루를 사는 것만으로도, 자신과 사랑하는 사람들에게 우리가 할 수 있는 최고의 사랑과 선물을 주는 거예요. 왜냐하면 우리가 하는 말과 행동에 더 이상 눈물과 칼은 없고, 향기와 사랑만 있기 때문이지요. 우리가 행복하게 하루를 사는 것만으로도 이 세상에 다시없을 큰 기여를 하고 있는 겁니다."

선배는 고개를 끄덕였다.

"어제까지 우리의 과거는 끔찍했을지라도, 오늘의 우리가 과거를 용서하고 행복해지면 끔찍했던 기억은 성장하는 우리의 거름이 되어요. 송두리째 바뀌는 변화는 순식간에 일어난답니다."

"그래, 나는 꼭 내 상처의 끝까지 가볼 거야. 나는 소중하고 행복할 가치가 있는 사람이야. 힘을 낼 거야."

선배의 두 눈은 맑은 영혼으로 반짝였다.

"리온아, 우리 처음 만났을 때를 생각해보니 내가 많이 변한 것 같아. 그땐 내가 암이라고 생각하면서 모든 문제를 남 탓으로 돌렸지. 난 일찍 죽을 거라고 자포자기하면서 말이야. 내가 '모든 가능성의 문'을 열기 위해서 나의 상처를 치유해야 한다면 어디 한 번 해보겠어. 네가 상처를 마주하면서 너 자신을 찾고 행복해진 과정을 나한테 설명해줄래?"

"먼저 선배의 어린 시절에 가장 힘들었던 상처의 장면을 떠올려봐요."

"장면? 하아… 금방 떠오르질 않네. 내가 힘들까 봐 나도 모르게 들여다볼 수 없게 스스로 막고 있나 봐."

나는 나의 오른손에 힘을 실어 선배의 손을 꼭 잡았다.

"선배, 이제 우리 내면의 가장 깊은 곳으로 가 봐요."

치유의 핵심, 뿌리 상처 내려다보기

"선배의 하루 중에서 가장 어려움을 겪는, 불편했던 생각과 말과 행동을 떠올려봐요. 그리고 그것들의 공통점을 찾아보세요. 왜 그런지 스스로에게 계속 질문하면서 그것들의 공통점을 추리고 그 뿌리를 찾아가 보세요."

"흠. 나는 방문 닫는 걸 싫어해. 뒷모습을 보는 것도 좋아하지 않고. 전화벨 울리는 게 싫어서 휴대폰을 늘 진동으로 해놓지. 1등을 해야지 어디 가서 지는 것도 싫어하고. 약속을 어기는 사람을 이해 못 해. 아, 그리고 연인들이 길에서 애정 표현하는 것을 보는 것도 불편해."

"왜 그럴까요? 무엇을 어려워하는 걸까요? 무엇을 외면하고 싶은 거지요?"

"한번은 남편과 영화 〈위대한 개츠비〉를 보는데 집에 울리는 벨소리에 여주인공 눈빛이 흔들리는 걸 보곤 괴로워서 극장에서 나와 버린 적이 있어. 그때 남편은 내 행동을 이해 못 했지. 난 배가 아파서 나왔다고 거짓말을 했거든. 왜 그랬을까? 난 무엇을 외면하고 싶었을까?"

선배의 입술이 한참 동안 들썩였지만 말은 나오지 않았다. 누구에게도 하지 못했던 수많은 말이 입 밖으로 나오려니 어디서부터, 무엇부터 시작해야 좋을지 모르는 것 같았다. 시간이 흐르고, 결국 선배는 침을 꿀꺽 삼키더니 이내 말을 꺼냈다.

"아버지가 집에 돌아올 때면 엄마는 아버지가 좋아하시는 굴비를 굽곤 했어. 하지만 곧 전화벨이 울렸지. 통화를 마친 아버지는 어딜 다녀와야 한다고 둘러댔고, 엄마는 울면서 소리를 질렀어. 엄마가 악을 쓰고 아빠가 소리치기 시작하면 나와 오빠는 이불을 뒤집어쓰고 귀를 막았어."

선배는 누구에게도 말하지 못했던 어릴 적 상처를 꺼내기 시작했다.

"엄마가 전화기를 집어던지던 날이었어. 아버지는 나와 오빠를 한번 보더니 악을 쓰는 엄마를 뒤로하고 조용히 뒤돌아서 방문을 닫고 나갔어. 이때가 집에서 아버지를 본 마지막 날이었지. 학교에서 1등을 하던 날 아버지는 돌아오는 내 생일에 바나나를 사주겠다고 약속했지만, 결국 돌아오지 않았어."

나는 선배의 손을 잡았다. 손은 땀에 젖어 축축하고 차가웠다. 선배는 이야기를 계속했다.

"우린 가난에 허덕이게 되었고, 반찬이라곤 시장에서 주워온 배추 쪼가리로 담근 김치가 전부였어. 엄마는 그마저도 안 드시고 밥에 물을 말아 먹었어. 하지만 어린 내가 할 수 있는 건 아무것도 없었어. 나는 남이 버린 문제집을 주워다 풀며 악착같이 공부했지. 성공해서 나를 떠난 아버지에게 복수하고 싶었거든."

이때 난 '내려다보기'를 통해서 선배가 상처로부터 느끼는 감정 이면에 숨겨진 신념을 찾을 수 있을 거라 직감했다.

"괜찮아요, 선배. 우리 하나씩 생각해봅시다. 일단 심호흡을 한 번 해볼까요. 그리고 선배 자신을 영화를 보는 관객이라고 생각해 볼게요."

나는 죽을 만들 재료를 냄비에 넣었다. 그때 선배가 국자를 들고 재료를 젓기 시작했다. 선배가 조금씩 힘을 찾는 것 같아 다행이었다. 나는 선배에게 '내려다보기'를 이야기하기 시작했다.

"영화에 아버지가 어머니와 싸우다가 어린 선배를 떠나는 장면이 나와요. 떠나기 전에 마지막으로 딸을 바라보던 아버지와 악을 쓰는 어머니가 영화 화면에 보여요. 키가 작은 어린 선배는 부모님을 아래에서 올려다보고 있어요. 이때 느껴지는 감정을 거부하지 말고 충분히 느끼세요. 그리고 그 감정에 이름을 붙여줍시다. 두려움인지 불안인지, 의심이나 질투인지 분노인지 말이에요."

"아버지가 나를 떠날까 봐 두려워. 아버지를 다신 못 볼 것 같다는 느낌이 들어. 불안해. 나는 너무 어려서 아무것도 할 수 없을 것 같아. 그러자 전화기를 던진 엄마에게 화가 나. 이건 분노인가 보다."

나는 선배의 두 손을 나의 두 손으로 꼭 잡았다.

"선배는 아버지가 떠나실까 봐 불안하고 두려웠군요. 어머니에게 화가 났어요. 지금 어린 선배는 속으로 뭐라고 말하고 있나요? 싸우는 부모님과 떠나는 아버지를 지켜보는 그 마음이 뭐라고 소리치고 있나요?"

"아빠… 아빠… 가지… 마…."

"말하세요. 꺼내도 괜찮아요. 속에 있는 것을 크게 말해요."

"아빠… 가지 마! 우리 버리지 마 아빠! 엄마, 제발 아빠한테 미안하다고 말해. 엄마가 아빠를 붙잡아줘. 엄마, 엄마는 아빠 가버리면 오빠만 예뻐할 거잖아. 흐흐흑…. 난 버림받았어. 난 사랑받을 가치도 없는 아이인가 봐. 내 옆엔 아무도 없어. 내 옆엔 아무도 없다고. 흑흑."

선배가 자신의 삶을 휘둘렀던 뿌리 상처와 대면하는 순간이었다.

어린 선배는 사랑받고 싶었지만 부모에게 버림받았다고 느꼈던 것이다. 그녀는 두 손으로 얼굴을 감싸고 울기 시작했다. 선배는 상처받은 그때의 감정을 온전히 토해내며 느끼고 있었다. 선배의 팔꿈치 옆으로 그릇의 국물을 모조리 빨아들여 통통 불은 칼국수가 보였다. 칼국수는 선배의 그릇을 꽉 채우고 있었다. 그건 마치 아픈 상처로 통통 부어 매캐하게 꽉 찬 선배의 마음속 같았다. 나의 가슴이 뜨거워졌다. 나는 울고 있는 선배를 끌어안았다.

"잘하고 있어요, 선배. 조금만 더 힘을 내요. 이제 다 되었어요."

그녀는 눈물로 범벅이 된 얼굴을 들고 나를 바라보았다. 그녀는 지쳐 보였다. 나는 따뜻한 눈빛으로 나의 사랑을 가득 담아 그녀를 보았다. 그리고 선배가 다시 준비될 때까지 기다렸다.

"나를 치유하는 과정에서 가장 힘들고 중요한 순간을 지금 막 지났어요. 선배는 정말 아름다운 사람이에요. 이렇게 괴로운 상처를 마주하다니 그 용기가 선배를 빛나게 할 거예요. 그동안 선배가 쌓아온 마음의 힘이 에너지를 발휘하는 시간이에요. 영화에서 카메라를 움직여 앵글을 바꿀 거예요. 선배가 준비되면 말해주세요."

"응. 난 준비됐어. 난 끝까지 가볼 테야. 계속하자."

"네. 방금 말했듯이 영화에서 카메라를 앵글을 바꿀게요. 아래에서 부모님을 바라보던 시선이 점차 위로 올라가 부모님 옆으로 이동해요. 아버지와 어머니를 나란한 시선으로 바라볼게요. 부모님이 선배에게 주는 상처에서 느껴지는 정도가 달라진 부분이 있는지 생각해보세요."

선배는 눈을 감았다. 어린 선배는 더 이상 작은 아이처럼 부모님을 올려다보지 않는다. 상상 속 선배는 좀 더 자라서 부모님과 나란히 서서 그들을 마주 본다.

"어린 내가 아래에서 올려다볼 때는 부모님이 산처럼 커 보이면서 이 고통이 나의 전부인 것 같았거든. 정말 괴로웠어. 그런데 네 말대로 내가 아버지 옆에 나란히 서 있다 생각하고 보니까 내가 마치 아버지 친구가 된 것 같아. 떠나지 말라고 내가 직접 말하고 싶어. 악을 쓰던 어머니가 나를 위에서 짓누르던 느낌도 조금 덜해졌어."

우린 대화 중 힘들 때마다 심호흡을 하며 에너지를 모으고 집중했다.

"정말 잘하고 있어요. 자, 이제 그 상태에서 아버지 위로 카메라가 이동해요. 부모님과 선배가 점차 작아져요. 점점 카메라는 더 높은 곳에서 더 넓게 화면을 보여줘요. 그 화면에는 아버지가 일하는 직장과 어머니의 부모님도 보여요. 친척들, 이웃들, 그리고 선배의 친구들과 학교도 보이네요. 화면은 더 높은 곳에서 더 넓은 세상을 보여줘요. 산도 있고 도시도 있고 바다에, 우리나라 전체가 보이네요. 많은 것이 있어요. 선배의 느낌에 변화가 있는지 생각해보세요. 선배에게 상처를 준 그 장면을 위에서 내려다보세요. 점점 더 높은 곳에서 더 넓게 내려다보세요."

"응. 나 상상하면서 네 이야기를 듣고 있어. 위에서 모든 걸 내려다보니 우리가 정말 개미처럼 작아 보인다. 아버지랑 엄마가 싸우던 그 큰소리가 점차 작아져서 들리지 않을 정도야. 내가 큰 거인이 돼서 부모님을 보는 것 같아. 이건 누가 나를 때리더라도 하나도 아프지 않을 것 같은 느낌이야. 멀리서 넓게 바라보니까 좀 더 평온해지면서, 내게 많은 것이 있는 게 보이니까 내가 좀 더 안전하다고 느껴져."

"선배에겐 선생님도, 친구도, 산도, 바다도 있어요. 여전히 선배에게 많은 것이 있고 안전해요. 이때 영화에서 필름을 돌려 과거를 회상하는 장면이 나옵니다. 아버지의 어린 시절과 학창 시절도 나오고 어머니의 어린 시절도 보이네요. 아버지도 어머니도 자라면서 크고 작은 많은 일을 겪어요. 울기도 하고 웃기도 합니다. 부모님 두 분이 만나 결혼을 하고 자식을 낳는 장면도 있어요. 자, 이젠 어때요?"

"우리 아버지는 고아로 자랐거든. 아버지가 얼마나 고생했는지가 보여. 상처가 많을 거야. 그래서 사람을 쉽게 믿지 못해. 늘 마음이 불안하고 외로워 보여. 어머니는 딸이 많은 집의 막내딸이었어. 외할머니는 아들인 외삼촌만 예뻐해. 할머니는 딸도 많은데 너는 낳지 말아야 했다는 이야기를 엄마에게 해."

선배의 눈에서 눈물이 흘렀지만 목소리는 어느 때보다 또렷했다.

"엄마는 결혼해서 오빠를 낳은 후 딸인 나를 낳으면서 마치 자신을 보는 것 같아 마음이 불편했을 것 같아. 부모님이 안쓰러워. 내게 상처를 줬지만 사실 그들도 이전에 많은 상처를 입었던 거야."

어린 선배는 아버지를 너무도 사랑해서 그를 미워했다. 하지만 선배의 아버지는 가족들과 이해하고 화해할 시간을 갖지 못하고 일찍 돌아가셨다. 그렇게 아버지를 용서할 시간도 갖지 못한 채 갑작스레 아버지와 이별하면서, 어린 선배의 상처는 더욱 곪았을 것이다. 지금 이렇게 용기 내어 자신의 상처와 마주하는 그녀가 대단하게 느껴졌다.

가장 고통스럽고 대면하기 어려운 과정을 선배는 해냈다. 어린 시절의 상처를 마주하고 눈물을 피처럼 토해내며 당시의 감정을 느꼈다. 선배는 상처받은 어린 자신이 하고 싶었던 말들을 쏟아냈다.

이렇게 무의식 깊은 곳에 억눌러놓았던 상처와 감정을 밖으로 토해내면, 무섭도록 괴로운 감정은 자연스럽게 말과 눈물에 섞여 내 몸 밖으로 흘러나간다. 이때 얽혀 있던 감정과 기억이 분리되면서 순수한 '팩트'로서의 기억으로 다시 저장된다. 비로소 내 안을 담담히 볼 수 있는 고요한 마음의 공간이 생기는 것이다.

이제 선배는 자신이 직면한 뿌리 상처 이면에 무엇이 숨겨져 있는지 찾을 수 있을 것이다. 그녀는 행복이란 목적으로 가는 길에 텅 비어있었던 공백을 점차 메우고 있다. 선배는 이제야 자기 내면에 처음으로 생긴 빈 공간에서 손에 쥐고 있던 것들을 내려놓고 자기 자신을 새롭게 바라볼 수 있게 되었다.

난 사랑받고 싶었나 봐

"리온아, 어찌 보면 나는 결국… 사랑받고 싶었나 봐."

"맞아요. 선배가 받은 상처로 인해 느낀 두려움과 불안 뒤에 숨겨진 생각을 발견했네요. 이 세상 수많은 사람의 수많은 상처가 제각각이고 다르지만, 그 안엔 한 가지 공통점이 존재해요. 그건 바로 모두가 사랑받고 싶었다는 것이에요. 사랑받고 싶은 존재로부터 받은 어릴 적 상처는 누구에게나 있지요."

우린 누구나 사랑받고 싶었지만 그러지 못했다는 나의 말에 선배는 깊은 한숨을 쉬며 가슴에 두 손을 얹었다.

"하지만 부모님은 사실, 나를 사랑했잖아. 그 당시 그들이 부족했지만, 그래도 그들 나름의 사랑을 했으니까 내가 부족한 아이라서 버림받은 건 아닐 거야."

"그럼요, 선배. 우리가 고통스러워 울부짖던 감정의 뒷면엔 사랑받지 못했다는 생각이 숨겨져 있었어요. 이때 자식이 사랑받을 가치가 없어서 부모가 떠난 것이라는 신념이 생기지요. 하지만 이건 사실이 아니에요. 틀린 생각과 신념이에요."

"맞아. 위에서 전체를 내려다보니까 어느 정도 알 것 같아."

"네, 선배. 처음에 어린 선배의 시선으로 부모를 올려다볼 땐, 상처를 주던 부모님이 전부였어요. 다른 건 보이지 않지요. 하지만 화면에서 선배의 시선을 전체적인 맥락이 나오도록 높고 넓게 바꾸면, 한 사람으로서 부모님이 겪은 과정이 전체 맥락으로 보여요. 점차 선배에게 상처 준 사람들과 상처받고 있던 자신을 용서할 수 있게 될 거예요."

"그러게. 하염없이 슬프고 괴로웠는데, 부모님을 높은 곳에서 내려다보니 자연스레 이해하게 되네. 그저 부모님도 내면에 상처받은 어린아이가 있었던 거였어. 오히려 내가 아버지와 엄마를 안아줘야 할 것 같아. 어느 때보다 힘들었지만, 내 눈의 안개가 걷히면서 내가 가야 할 길이 또렷하게 보이는 느낌이야."

"위에서 내려다보는 것은 두 가지 효과가 있어요. 내 상처의 장면이 점차 작아지면서 나를 휘두르던 힘도 작아지는 거예요. 선배가 거인이 되어서 누가 때리더라도 아플 것 같지 않다고 했잖아요. 바로 그런 느낌이에요."

"그렇구나. 또 하나는?"

"나머지는 상대방을 그 사람의 전체적인 맥락에서 보게 되고,

상황을 객관적으로 이해하게 된다는 거예요. 나와 감정적으로 복잡하게 얽힌 부모가 아니라 전후 맥락이 있는 제3의 드라마 주인공처럼 보이는 것이지요."

선배는 나의 이야기를 가만히 듣고 있었다.

"부모님의 언행이 옳다는 뜻이 아니에요. 잘못은 잘못이지요. 하지만 아버지나 어머니에겐 나름의 스토리가 있거든요. 도대체 날 얼마나 사랑하지 않기에 이런 상처를 줄까 하는 생각은 자식 입장이에요."

"아버지는 어릴 때 여읜 할머니를 늘 그리워했지. 난 아버지가 우릴 버렸다고 생각했어. 지금 보니 아버지는 부모로부터 받지 못한 사랑이 그리워서 자기도 어떻게 할지를 몰랐던 것 같아. 난 아버지의 잘못만 생각했지, 아버지가 어떤 상처를 가지고 어떤 마음으로 살았을지는 생각한 적이 없었어. 아버지가 나를 용서해주실까?"

"선배가 아버지를 미워한 것 이상으로 아버지는 자기 자신을 미워했을 거예요. 한 번도 가족에게 드러내지 못했지만요."

선배는 나의 말에 깜짝 놀랐다. 아버지가 그 누구보다 자기 자신을 미워했을 거란 생각을 한 번도 한 적이 없는 것 같았다.

"그리고 선배의 부모님에 대한 미움은 결국 선배가 부모님을 사랑해서 생긴 것이에요. 미움으로 표현되었지만 결국 사랑이었어요. 그렇지요? 선배의 사랑은 반드시 아버지와 어머니에게 전달될 거예요."

"고마워. 아버지에게 내 마음이 전달되겠지? 부모님이 나를 사랑한다는 걸 알게 되니 마음이 참 가볍다."

"앞으로 선배가 자신의 뿌리 상처를 대면할 때마다, 오늘 우리가 한 것처럼 담담히 내려다보면 돼요."

"아휴. 못하겠단 소리는 아니지만, 나 지금 앉아 있을 힘도 없이 손발이 떨려. 앞으로도 대면하고 풀어가야 할 상처와 문제가 있다니…."

"맞아요. 그동안 그렇게 애쓰면서 살아왔는데, 힘을 내서 직면하고 강해지는 데 지쳤을 거예요. 지금 대면하는 상처만도 버겁지요. 그럼에도 소중한 자신을 지킬 수 있을 만큼 선배는 여전히 강해요. 앞으로 하나씩 잘 풀어갈 수 있을 거예요."

선배는 고개를 끄덕이며 눈물을 닦았다. 나는 선배의 앞 접시에 죽을 먹기 좋게 담아서 건네주었다. 그녀는 죽을 한 숟가락 떠서 삼켰다. 부드러운 죽이 잘 넘어가는 것 같아 보였다.

"그동안 난 끊임없이 인정받고 사랑받고 싶었나 봐. 내 존재를 확인하고 어려움을 극복하기 위해서는 악착같이 공부하면서 열심히 사는 수밖에 없다고 생각한 것 같아. 실패하면 버림받을 것이라고 생각했기 때문에 살기 위해서 버둥거린 거야. 그런 식으로 나의 두려움과 불안을 통제하려 했어."

"우리는 실패하면 상처받을까 봐 애쓰고 노력하지요. 인정받고 사랑받는 자신의 존재를 확인하고 싶어서요. 어찌 보면 우리의 목표와 고민하는 문제들, 애쓰는 것들, 과거 상처는 모두 겉모습만 다를 뿐 결국 같은 것들이에요. 선배는 상처의 뿌리 신념을 찾았네요."

"뿌리 신념?"

"우리의 눈을 안개처럼 가리던 비합리적 신념을 하나씩 발견하고 거둬내면, 지금의 우리처럼 자신의 차단된 깊은 곳에 다다를 수 있어요. 그리고 뿌리 상처를 대면하지요. 죽을 것처럼 고통스럽지만 그 상처를 통과해보면 그 뒤에서 비합리적 신념들의 모체를 발견할 수 있답니다. 바로 뿌리 신념이지요."

"아, 내가 사랑받고 인정받기 위해서 공부해야만 한다고 생각했던 것 말이지? 아, 이것이 생긴 순간부터 그 위에 수많은 비합리적 신념이 연쇄적으로 형성된 것이구나. 그 안개처럼 많고 작은 신념들의 뿌리여서 뿌리 신념인 거야."

"네, 맞아요. 뿌리 신념을 찾아야 완전히 자유로워진답니다. 그 전까지는 담담하고 자유롭다가도 특정 상황을 마주하면 다시 혼란스러워지곤 해요. 그러나 이 과정을 반복하면 결국 뿌리 상처와 뿌리 신념에 이르게 되거든요? 그 이후부터는 아무리 타고난 것이 다르다 할지라도 누구나 행복해질 수 있어요. 개미도 개미처럼 살지 않아도 되는 순간이 오는 거지요."

"난 나를 버린 부모님이 다시 날 사랑해주길 바랐으니까. 내가 1등을 하면 나를 봐주지 않을까 생각했던 거야. 그렇게 목표를 정하고 애쓴 거지. 난 사랑받고 싶었을 뿐이야. 아, 내 인생의 시작점에 이런 게 있었구나."

"이로써 선배는 자신이 부모에게 상처받았기 때문에 난 소중하지 않다는 잘못된 신념도 바로잡을 수 있어요."

나는 기쁜 마음으로 선배를 바라보았다.

"이제 선배에게 자신의 과거를 바꿔서 자신이 원하는 미래를 창조하는 법을 말씀드릴 때가 된 것 같네요."

과거에 대한 생각이 변하면 미래가 바뀐다

계산을 하고 식당을 나오니 선배의 뒷모습이 보였다. 처음 선배를 만났을 때 선배의 눈동자 안에는 누구와도 연결되지 못하고 공감받지 못한 채 멍하니 울고 있는 어린아이가 있었다. 그런데 그 어린아이는 치우친 신념으로 자신의 감정을 부인하던 시절을 지나 어느새 어른이 되어 있었다.

"제가 근래 2년간 교통사고가 네 번이나 났어요. 신호 정지 중에 뒤차가 내 차를 박은 후방 추돌이었지요. 병원 치료를 받고 조금 나아서 합의를 하면 다음 날 다시 사고가 났어요. 저는 빨간 신호등에서 가만히 정지 중인데 말이지요. 몇 달 간격으로 그렇게 연속해서 사고가 났는데, 소름 끼치는 건 사고가 난 날들이 전부 인寅, 묘卯 날이었단 거예요."

"어머나. 어떻게 연속해서 후방 추돌이 일어날 수 있지? 그게 혹시 부정의 우주 에너지를 끌어당긴 거니?"

"맞아요. 그 당시 저는 왜 이런 불운이 연속해서 일어나는지 영문을 몰랐어요. 추돌 사고가 났던 날이 뜻하는 인寅, 묘卯란 '나무'의 기운을 의미해요. 심지어 제가 사고가 난 장소도 제게 '나무'를 뜻하는 곳이었지요. 무서웠어요. 어느 순간 저는 제 방에 화분 하나조차 놓지 않고, 해당 날은 외출도 삼갔어요."

"나 같아도 그랬겠다. 짜고 꾸민 것도 아니고, 어떻게 나무의 기운이 있는 장소와 때에만 뒤차가 와서 추돌한단 말이야?"

"작년 가을 어느 아침, 테라스에서 먼 산을 보며 기공체조를 하고 있었어요. 파란 하늘과 시원한 가을바람, 지저귀는 새들과 쏟아지는 햇살, 그 안에서 기공체조를 하는 제가 모두와 하나가 된 것 같았어요. 문득 동쪽을 바라보니, 아침 햇살이 이슬을 머금은 고춧잎에 반사되며 풀잎 하나하나가 샹들리에처럼 반짝이는 거예요. 시공간이 멈추면서 내 안이 빛으로 차오르는 느낌이었어요."

나는 그 당시를 떠올리기만 했을 뿐인데, 지금도 여전히 나의 온몸이 빛으로 채워지는 것 같았다.

"햇살에 눈부시게 반짝이는 아름다움이 어찌나 황홀하던지. 저는 눈물이 났어요. 그리고 저도 모르게 풀잎을 보고 이렇게 말했지요."

"뭐라고 했어?"

"'나는 두려움을 버린다. 그동안 너희를 두려워했던 나를 용서

한다. 그리고 이제 나는 너희까지도 사랑한다'라고 했어요. 그런데 그날은 제가 그토록 무서워했던 묘卯 날이었어요. 하지만 저는 반짝이는 풀잎을 보며 나를 때리던 불운도 품고 사랑하게 되었지요."

"세상에. 너를 둘러싼 부정적인 에너지까지 모두 사랑하기로 했구나."

"네. 머리로 생각한 것이라면 결코 못 했을 거예요. 사랑으로 벅차오르는 가슴은 제게 그런 용기를 주었지요. 그런데요, 선배. 동시에 저는 더 이상 내게 없는 것은 없다는 느낌을 받았어요."

"없는 것은 없다니, 무슨 말이야?"

"그동안 내게 없어서 속상했던 것들이 더 이상 느껴지지 않았어요. 지금 이 순간의 나 자신에 대한 사랑이 너무도 커져서 그 힘이 시커먼 나의 '과거'에까지 넘쳐흘러 간 것 같아요. 그토록 힘들었던 나의 과거 상처가 전혀 상처와 실패로 보이질 않았거든요. 그리고 알았지요. 나의 과거를 내가 다르게 바라본 바로 그 순간, 나의 미래가 송두리째 바뀌었다는 걸요."

"아…. 네 안을 긍정의 에너지로 가득 채웠구나. 거참, 편광판 원리를 제대로 체험했겠는데."

"맞아요. 이때부터 저는 우연히 마주치는 사람들에게도 저의 행운을 전하기 시작했어요. 오래도록 아기가 생기지 않는 부부가 임신을 하고, 자식과 부모가 화해를 하고, 어려움을 겪는 사장님이 사업 문제를 해결하는 등요. 그렇게 제 안에 가득한 긍정 에너지로 주변을 물들였어요."

선배는 신기한 듯 나를 쳐다보았다.

"그런데 왜 제게 의도치 않은 교통사고가 특정 날, 특정 장소에서 연달아 났을까요? 내가 나의 상처와 화해하지 않으면 나는 그 상처와 비슷한 불운을 나도 모르게 끌어당기게 돼요. 과거와 미래는 정말이지 직접적으로 연결되어 있거든요."

"끔찍한 일인데. 내가 받고 싶어서 받은 상처가 아닌데, 나의 현실은 그 상처와 비슷한 불운을 계속해서 끌어당겨 고통스러운 미래를 만들어간다니."

"우리가 상처를 치유하지 않고 간직하고 있으면, 그 상처라는 집터 위에 자신의 신념과 생각, 감정을 재료 삼아 집을 짓게 돼요. 상처 위에 만든 집에는 긍정의 기운이 들어올 수 없어요."

"참 신기하다. 내가 너무 힘들어서, 그냥 잊고 싶었을 뿐인데. 잊으려고 할수록 상처는 나의 깊은 내면에 자리 잡아 없어지지 않고 내 삶을 흔든다니. 그런데… 이미 다 지난 일이잖아. 우리 아버지가 처자식을 버리면서 가난으로 겪은 그 고생들, 내 과거가 어떻게 바뀔 수 있는 거지?"

"그건 현재라는 지금의 시간에서, 자신의 과거를 직면해 바꿈으로써 그 힘을 이용해 미래까지도 자신이 원하는 방향으로 변화시키는 원리예요. 저의 진심을 담아 이야기해요, 선배. 자신의 과거를 다르게 기억하는 순간, 정말로 미래는 바뀐답니다."

선배는 깊은 눈으로 나의 눈을 한참 바라보았다. 나는 말을 이어갔다.

"오래되고 낡은 주택을 부순 다음 그 땅을 다시 고르게 다지고, 그 위에 새 집을 짓는 과정을 상상해보세요. 본래의 나를 에워싼 많은 '비합리적인 가짜의 나'를 벗어던져요. 모두 낡은 집을 부수는 과정이지요. 집을 부수면 그 밑에 집이 있던 땅, 본래의 내가 보여요."

"식당에서 내가 우리 부모님을 떠올리며 나의 어린 시절 상처를 만났던 것을 말하는구나. 그리고 내가 내려다보기를 통해 부모를 이해하고 용서했듯이 과거의 상처를 치유해서 나의 과거를 바꾼다는 거지? 아, 그것이 내 땅을 고르게 다지는 작업이구나."

"맞아요. 그리고 그 집터 위에 다른 재료로 집을 반듯하게 새로 지을 거예요. 그럼 그 집의 결에 맞는 긍정적인 기운이 오갈 수 있지요. 더 이상 비가 새지도 않고 곰팡이도 없어요. 저 멀리 경치도 보이고요. 그렇게 자신의 고유한 색에 맞는 자신만의 집을 지으면 된답니다."

"개념은 이해가 돼. 식당에서 너와 함께 내 부모를 내려다보면서 나는 상처를 마주하고 어릴 적 나 자신과 화해했거든. 그런데 고른 땅 위에 새 집을 어떻게 짓는 건데?"

"얼마 전에 있었던 일이에요. 딸이 거실에서 피아노 선생님과 수업을 마친 직후였지요. 평소 선생님을 가족처럼 따르며 피아노 수업을 즐겼는데, 이번엔 아이의 얼굴이 어두웠어요. 저는 아이에게 왜 그런지 물었어요. 그러자 아이가 이렇게 대답했어요. '엄마, 나 피아노 그만하고 싶어요. 피아노 치다가 문득 졸린다고 말했더니 선생님이, 그래서 어쩌라고! 그런 건 네가 알아서 조절해야 할 거 아냐, 라며 화내셨어. 그래서 속상해. 난 나쁜 아이인가 봐요.' 이렇게 말하더군요. 물론 이건 누구나 쉽게 겪을 수 있는 흔한 일이었어요."

"선생님이 좀 세게 말하긴 했지만, 수업을 준비하면서 학생에게 기대하는 바가 있는데, 참여하는 학생이 졸린다고 하면 당황스럽지."

"네. 저는 아이의 감정을 공감해주고, 아이에게 선생님 입장도 설명하며 다음엔 아이가 어떻게 하면 좋을지에 대해 이야기를 나누었어요. 아이는 여러 입장을 헤아리면서 이해를 하더라고요. 하지만 얼굴은 여전히 어두웠어요. 머리로는 상황이 이해되지만 상처가 아이 가슴에 아직 남아 있는 거지요."

"그건 그렇지. 누구에게 맞았을 때 약을 발라도 시간이 좀 지나야 상처가 아물잖아. 흠…. 상처가 아무는 게 아니고 그냥 잊히는 건가?"

"저는 딸에게 이렇게 이야기했어요. 한번 들어보실래요?

엄마: 만약 네가 선생님이라면 학생이 졸린다고 할 때 넌 뭐라고 말했을 것 같아?

딸: 글쎄요. 뭐… 졸리면 세수하고 올래? 아니면…. 밤에 늦게 잤니? 오늘부턴 일찍 자렴. 그랬을 거 같은데요?

엄마: 자, 우리 같이 다시 피아노를 치자. 우린 30분 전 그때로 돌아가는 거야. 이번엔 엄마가 피아노 선생님이라고 하자. 자, 이제 네가 똑같이 나(선생님)한테 졸린다고 이야기해봐.

딸: 어? 알았어요 엄마. "아… 선생님 저 졸려요."

선생님(엄마): 응, 그러니? 저런… 수업 시간인데 졸리는구나. 그럼 우리 어떻게 하면 좋을까? 세수하고 오는 건 어떠니? 그리고 오늘부턴 밤에 일찍 자는 게 좋겠구나.

제가 피아노 선생님이 되어 새롭게 대답을 해주었더니, 딸은 활짝 웃으며 제 품에 와락 안겼어요. 딸을 보니 안도하는 편안한 얼굴이었어요. 그러곤 언제 무슨 일이 있었냐는 듯, 조금 전까지 그만두고 싶다던 피아노를 신나게 치더라고요."

"아, 딸이 상처받은 그때로 되돌아가 같이 상상했구나. 피아노 선생님이 원래 해주었어야 할 말과 행동을 네가 대신하면서 말이야. 그런데 진짜 선생님이 한 것도 아니고. 그게 가능한가?"

"상상일 뿐이지만, 딸아이가 겪은 과거의 사건 위에 올바른 기억을 만들어 덧붙이는 것만으로도 부정적인 감정이 사라지더라고요. 뇌는 실제 일어난 일인 양 느껴서 더 이상 과거의 일을 상처로 생각하지 않는다는 걸 알게 되었어요. 물론 부작용이 없도록 정교하게 작업해야 하지만요."

"어머. 나도 한번 해보고 싶어. 무엇부터 하면 되지?"

"우선 낡은 집을 부수고, 땅을 고르게 다져요. 자신의 과거를 왜곡하지 않으면서, 그것을 바라보는 시선을 바꾸는 일이에요. 우리가 지금까지 해온 일의 연장선이에요. 내가 나의 과거를 다시 바라보는 작업이지요."

"응. 그것만으로도 내 마음이 편해지더라. 내 과거를 싹 다 버릴 수는 없지만, 다르게 바라볼 수 있을 것 같아. 아픈 과거 덕분에 지금의 내가 될 수 있었다고 말이야"

"이제 반듯한 땅 위에 새 집을 짓는 과정을 볼게요. 만약 선배가 어머니, 아버지였다면 부모님이 싸우시는 그 장면에서 어떻게 행동하고 자식에게 어떻게 말했어야 할지 생각해봐요. 새 집을 지으려면 무엇이 나다운 것이고 올바르고 반듯한 것인지 생각하는 것이지요."

선배는 미간을 찌푸리며 골똘히 생각하는 것 같았다. 새 집을 짓는 것이 쉬워 보이지 않았다.

"선배, 자신에 대한 믿음과 사랑이 있는 지금의 내가 과거의 어린 나에게 다가간다고 상상해보세요. 상처받고 외롭게 울고 있는 어린 나에게 어른인 나는 어떤 말을 해주고 싶어요? 선배는 부모님께 어떤 말을 듣고 싶어요?"

부모님께 어떤 말을 듣고 싶으냐는 나의 질문에 선배의 눈시울이 붉어졌다.

"글쎄. 어린 내게 난, 부모님이 이별하게 된 건 네 잘못이 아니라고 말해주고 싶어. 그리고 이런 말을 듣고 싶어."

> "나는 언제나 너를 사랑했단다. 너는 소중한 나의 딸이야. 참 잘했구나. 이렇게 열심히 하다니 수고했다. 넌 앞으로 네 인생을 살아. 넌 행복하게 잘 살 거야. 고맙다."

선배는 말을 잇지 못하고 울음을 터뜨렸다. 나는 울고 있는 선배를 안아주었다. 그리고 나는 나의 내면에 있는 사랑의 에너지를 모두 끌어올렸다. 그 사랑의 힘으로 내가 선배의 부모라고 상상했다. 나는 선배의 손을 잡고 그녀의 눈을 보며 말했다.

"울지 마렴. 네 잘못이 아니야. 그리고 나는 너를 언제나 사랑했단다. 너는 소중한 나의 딸이야. 정말 잘했구나. 이렇게 열심히 하다니 수고했다. 넌 앞으로 네 인생을 살아. 넌 행복하게 잘 살 거야. 그동안 많이 애써줘서 정말 고맙다 딸아."

울고 있는 선배의 입가에 미소가 번졌다. 선배는 내 품에 안겨 웃으며 엉엉 울었다. 우린 그렇게 한참을 안고 있었다.

"네가 그렇게 내 눈을 보면서 말해주니까 내 마음속에 있던 얼음 조각 하나가 찌르르 하고 녹는 것 같았어. 네가 내 부모님이 아니란 걸 아는데도 말이야. 고마워. 나를 사랑하는 마음으로 잘해 나갈게."

선배는 차를 몰고 집으로 향했다. 그녀는 엉망으로, 되는 대로 쌓아 올려 곰팡이가 피고 물이 새는 건물을 하나씩 부숴나가고 있다. 머지않은 미래에 선배는 어머니에게 딸로서 해야 할 말을 할 수 있고, 건강한 가족 관계를 이끌 수 있을 것이다. 선배는 드디어 자기 안에서 모든 가능성을 연 채 진정한 자신과의 대화를 시작했다.

나는 '누구'이기 전에 '생명'이구나!

서재에서 글을 쓰다가 문득 이런 생각이 들었다.

'나는 누구일까?'

누군가 내게 당신은 누구냐고 묻는다면, '한마디'로 뭐라 말할 수 있을까? 교사? 상담사? 그건 내가 하는 일이다. 엄마? 엄마로서의 삶이 내 전부는 아니다. 한국에서 사는 40대 여자? 이것도 아닌데.

난 한마디로 누구일까? 그 한마디의 단어가 좀처럼 떠오르질 않았다. 그때 현관 벨이 울렸다. 나가 보니 우편물이 도착했다. 발신인은 선배였다. 봉투를 뜯어보니 어릴 때 듣던 미니 카세트 플레이어와 편지가 들어 있었다.

난 요즘 '느끼기'에 심취해 있어.

그동안 몰랐던 새로운 치유의 경험이야. 내가 심리치료 책에서 읽었던 많은 기법을 자연스럽게 일상에서 느끼며 체험하는 중이야.

그런데 어젯밤 창고에 있던 오래된 상자를 꺼내 추억 여행을 하던 중 학생 때 외삼촌에게 받은 카세트 플레이어를 발견했어.
마침 그 옆에 오빠와 내가 영어 공부한다고 열심히 듣던 늘어진 팝송 테이프가 함께 있더라고. 건전지를 새로 끼우고 재생 버튼을 눌렀어.
30년 전에 들은 올드 팝송이 흘러나오는데, 마치 내가 열일곱 살 소녀가 된 느낌이었어. 나도 모르게 자리에서 일어나 눈을 감고 노래를 흥얼거렸지. 정말 즐거운 거야!
그 순간 내 마음속 깊은 곳의 얼음이 다 녹아버리는 느낌이었어. 무아지경이 되어서 노래를 부르다 보니 어느새 내가 엉덩이를 씰룩거리며 춤을 추고 있는 거야! 나 춤추는 거 싫어해서 대학 때도 나이트클럽 한번 가지 않은 거 너도 알지? 예술을 한다고 음악이나 춤에 빠져 있는 사람은 너무 감성적이고 자기 인생에 무책임하다는 선입견이 있었거든. 우리 아버지는 노래도 잘하고 술 한잔하시면 춤도 참 잘 췄지. 나는 우리 아버지처럼 무책임하게 가정을 버리는 사람이 되지 않겠다며 '해야만 하는 일'에 집중했나 봐. 그동안 아버지에 대한 상처가 나를 억눌러서 나를 내려놓고 순간을 즐기는 법을 몰랐던 것 같아.
하지만 노래하며 춤을 추는 건 마치 나의 빗장을 열고, 내 안 깊은 곳에 있는 무언가를 분출하는 느낌이야. 끓어오르면서 폭발하는 화산처럼! 나도 모르게 춤을 추다가 막 웃었어.
이건 엄청난 치유의 힘이야. 나 정말 행복해, 리온아. 내가 느끼는 이 흥분과 행복을 너와 함께 느끼고 싶어. 난 지금 이 순간 꼭 너와 함께 있는 것

갈아. 너도 이 노래를 듣는 동안 우리 손을 잡고 웃으며 머리와 엉덩이를 흔들고 춤을 춘다고 생각해줘.

나의 행복이 너에게 연결되길 바라며.

코끝이 찡했다. 선배는 진정한 자기 자신을 찾은 것 같았다. 가슴이 벅차올랐다. 카세트 플레이어의 재생 버튼을 눌렀다. 아바Abba의 '댄싱 퀸Dancing queen'이 흘러나왔다. 나는 눈을 감고 노래를 들었다. 피아노 소리가 들리면서 아바가 말했다.

"You can dance you can jive.(당신은 춤출 수 있어요.)"

점차 노래는 절정으로 달렸다.

"Dancing queen feel the beat from the tambourine. Oh yeah~.(탬버린의 비트를 느끼는 댄싱 퀸. 오 예~.)"

그 순간 나는 노래에 홀려 벌떡 일어나 팔을 위로 뻗었다.

"You can dance you can jive.(당신은 춤출 수 있어요.)"라고 아바와 함께 외쳤다. 머리 위로 폭죽이 터지는 기분이었다. 나는 댄싱 퀸이 되어 왼쪽으로, 오른쪽으로 음악에 맞추어 몸을 흔들었다. 마치 선배가 나와 함께 웃으며 춤을 추고 있는 것 같았다.

"Young and sweet. only seventeen. yeah~.(어리고 사랑스러운 겨우 열일곱 살이지요.)"

선배와 나는 열일곱 살 소녀가 되어 노래하며 춤을 추고 있었다. 자꾸 웃음이 났다. 웃으며 노래하고 춤을 추다 보니 입에 침이 흘렀다. 춤을 추다가 침이 흐른 게 웃겨서 또 웃었다. 여기가 어딘지, 지금이 언제인지도 잊은 채 나를 온전히 분출했다. 정말 행복했다.

내 안의 모든 세포가 잠에서 깨어나 댄싱 퀸이 되어 노래하고 춤을 추는 것 같았다. 나는 살아 있음을 느꼈다. 내 안의 모든 세포는 순간 살아서 숨을 쉬고 있었다. 그리고 무엇보다도 나 혼자가 아니라 선배와 함께 춤을 추며 행복하게 웃는 것 같아 더 기뻤다. 우린 멀리 떨어진 각자의 집에 있음에도 불구하고 노래를 듣는 이 순간 함께하고 있었다.

나는 이 순간 우주에서 가장 아름답고 행복한 사람이라고 생각했다. 내가 뿜어내는 생명의 빛이 너무도 밝아 우주 저 끝까지 연결될 수 있을 것만 같았다. 아이처럼 즐겁게 느낄 때 발휘되는 순수한 에너지와 생명의 힘이 내 온몸을 휘감았다. 그때 떠올랐다.

난 한마디로 누구일까?

난 살아 숨 쉬는 생명이다.

무언가를 해야만 하는 사회 일원이기 전에, 나는 이 땅에 사명을 가지고 태어난 살아 숨 쉬는 소중한 생명이다. 두 생명이 자신의 존재를 세상에 영원히 남기기 위해 사랑의 결실로 만든 또 다른 생명이다. 우리는 판단하고 계산하고 생각하기를 멈추고 주어진 본래의 생명을 온전히 느껴야 한다. 3월이 되면 무언가를 하지 않아도 자연스레 싹을 틔우고 꽃을 피우는 식물처럼, 우리는 자연스럽게 내게 주어진 생명의 힘을 꽃피워야 한다.

내게 덧입혀진 'must, should'의 껍질을 벗어던지고 나를 활짝 열어 공기를 한껏 들이마시자. 나를 보여주어 상처받을까 걱정하지 말고 나 자신을 마주하자. 내 안의 구정물을 퍼내고 땅의 돌을 골라내어 햇살이 가득한 나만의 집을 짓자. 그리고 그 집에서 나만의 색깔로 나를 느끼고 세상을 느끼며 자연스럽게 숨 쉬자.

나는 적어도 나에게만큼은 가장 소중한 사람이다.

나는 누구이기 전에 생명이다.

5부

진정한 '나'를 되찾으면 생기는 일들

사랑으로 연결되는 오름

사람들을 만나는 동안, 인생과 '우리'를 대하는 나의 자세가 달라진 계기가 있었다.

한번은 시간에 쫓겨 정신없이 모임 장소에 도착해 평소처럼 생각 없이 대화에 참여했다. 좋아하는 사람들을 만나 시간이 흐르는 대로 말을 주고받았다. 우린 일상적인 이야기를 나누다 헤어졌다. 그리고 다음 모임 날짜가 되었다. 우연히 한 사람의 질문에 대답하다 보니 그들을 돕고 싶은 마음이 깊은 곳에서 우러나오기 시작했다. 그야말로 나도 모르게 내 안을 그들에 대한 조건 없는 사랑으로 채우고 있었다. 그러자 놀랍게도 자신의 이야기를 털어놓는 이들이 생겨났다. 그때 내가 어떤 마음으로 사람들을 대하는가에 따라서 대화의 흐름이 완전히 바뀐다는 것을 알게 되었다. 같은 장소에서 같은 시간에 동일 인물을 만날지라도, 시간이 흐르는 대로 대화에만 신경을 쓰며 참여하는 것과 함께하는 이들에 대한 사랑을 바탕으로 진심을 나누고자 마음먹고 대화하는 것은 완전히 다른 결과를 낳았다.

어느 날은 대화 중 물을 마시기 위해 자리에서 일어났다. 그러자 나의 아우라가 다시 바뀌는 것이 느껴졌다. 무언가 빛이 가득한 구름의 높이에서 일상의 아래로 내려오는 느낌이었다. 나는 정수기 앞에 서서 눈을 감고 심호흡을 했다. 방금까지 내가 이들을 돕고 싶은 마음에 사랑을 담던 나 자신을 떠올렸다. 그러자 자연스레 내 입가에 미소가 번졌다. 참 신기했다. 어떤 우스운 생각이나 재밌는 생각을 떠올린 게 아닌데, 그저 옆에 있는 이들을 사랑하는 마음을 떠올리며 그들과 연결되고 싶다고 마음먹었을 뿐인데 얼굴에 미소가 번졌다. 눈을 뜨고 나를 다시 보았다.

'과제에만 집중하면서 시간이 흐르는 대로 지내지 않고, 상대방과 관계에 집중하면서 함께하고자 사랑으로 마음을 먹으니 내가 사람들을 향해 활짝 열리는구나!'

내가 사랑과 축복을 가득 담아 상대방의 이야기를 내 온몸으로 들을 때면 상대는 누구에게도 말하지 못했던 속 이야기를 꺼내며 눈물지었다. 그들과 나는 대부분 잘 아는 사이가 아니었다. 심지어 만난 지 1시간이 안 된 경우도 있었다. 그렇게 우리는 서로를, 그리고 스스로를 치유하며 빛을 나누는 존재가 되었다.

나를 제일 잘 아는 사람, 나와 가장 가까운 사람, 뒤탈이 없을 것같이 안전한 사람이어야 나의 깊은 이야기를 꺼내어 함께 나눌 수 있는 것이 아니다. 나도 모르게 쏟아지는 눈물은 계산으로 흘릴 수 있는 것이 아니다.

사랑이 가득했던 모임을 마치고 집을 향해 운전을 하던 중 얼마 전 우연히 만난 도인의 말이 떠올랐다. 그는 몸과 정신의 수련을 통해 자기 안에 기를 쌓고 기에서 도를 익혀나간다고 했다. 그가 하는 모든 말을 알아들을 수는 없었지만, 내 안의 기를 끌어올린다는 것이 사랑으로 세상과 연결되고자 하는 마음과 크게 다르지 않다는 생각이 들었다. 여러 수련을 통해서 나의 중심을 찾고 세상과 하나로 일치하며 연결될 수도 있지만, 도가 무엇인지 모르는 평범한 누구라도 진정한 사랑이 있다면 그 무엇과도 자연스레 연결될 수 있지 않을까? 이때 그가 수련은 혼자서 할 수 있는 게 아니며, 우리가 함께해야 도에 이를 수 있다고 한 말이 떠오르면서 내 생각에 확신을 갖게 되었다.

'아! 진정한 내가 된다는 건 혼자 할 수 있는 게 아니야! 모든 가능성의 문을 열려면, 결국 사랑하는 이들과 함께해야 하는구나. 자아를 찾고 상처를 치유하는 여정은 처음엔 나의 선택이고 혼자 일어나서 걸어야 시작할 수 있지만, 그 완성은 사랑하는 사람과 함께해야지만 가능한 것이야!'

우린 함께 치유하고 행복해질 수 있다. 우리가 먼저 사랑하기 시작한다면, 상대가 누구라도 사랑할 수 있고 사랑받을 수 있구나! 깨달음이 주는 기쁨에 눈물이 났다. 세상 모든 이는 자기 상처를 스스로 치유하고 행복할 수 있다. 너를 사랑하는 내가 있고, 나를 사랑하는 네가 있으면 가능하다.

자식을 잃은 사람, 어린 시절부터 끔찍한 학대를 받은 사람, 성적 폭행을 당하고 오히려 손가락질당하거나 가족에게 외면당한 이들, 건강을 잃고 죽음 앞에 놓인 사람들, 전쟁을 겪은 난민들…. 감히 내가 그들의 끔찍한 고통을 가늠할 수는 없지만, 내가 진정으로 행복하고 있는 그대로의 상대방을 사랑할 수 있다면 우린 서로의 상처를 서로 치유할 수 있다. 이로써 나는 '스마일링 호흡법'을 어느 정도 완성할 수 있게 되었다. 나의 깊은 곳을 사랑하면서, 동시에 우주의 모든 것을 사랑하는 마음으로 호흡하는 이치를 깨달은 것이다.

스마일링 호흡법

'스마일링 호흡법'은 웃으며 호흡을 마무리 짓기 때문에 붙여진 이름입니다. 강력한 생명의 힘을 다루는 호흡의 기법에 살아 숨 쉬는 기쁨과 행복의 감정을 더함으로써, 인간 본연의 에너지를 끌어올리고 되살리게 합니다.

이 호흡법은 상처받은 당신의 깊은 내면을 함께 들여다보고 치유하면서, 우주가 당신에게 주는 행운과 사랑의 에너지를 가득 담아 당신이 누구와도 연결되고, 더 높은 차원으로 거듭나게 하는 데 목적이 있습니다.

• 소개

살아 있는 생명은 호흡을 합니다. 호흡을 정지하면 순차적으로 장기가 영향을 받고 생명을 잃지요. 때문에 생명을 유지하는 한 호흡은 지속적으로 일어납니다. 그래서 우리는 내가 평상시에 어떤 호흡을 하는지 잘 모릅니다. 그리고 호흡에 어떤 힘이 있는지, 내가 호흡을 이용해서 어떤 일을 이뤄낼 수 있는지 잘 모르지요. 호흡은 생명의 힘, 그 근본에 닿아 있습니다. 호흡은 당신 자신을 사랑하는 방법이며, 당신이 어디에 있는 누구이더라도 이미 완전하고 소중하다는 것을 스스로에게 증명하는 과정입니다.

일반적으로 명상은 호흡을 통해 고요하고 깊은 내면으로 들어가는 과정입니다.

나를 내려놓고 진정한 자아에 닿으면, 이 세상의 모든 것과 하나가 되고 누구와도 연결될 수 있습니다. 하지만 과연 일상에 지친 바쁜 현대인이 많은 시간 수행이 필요한 명상을 지속할 수 있을까요? 사느라 바빠서 자신을 돌아볼 여력이 없는 사람들도, 우주의 합일이나 근원은 경험하지 못해도 생활 속에서 사랑하는 이들과 연결되는 행복을 느낄 수 있어야 합니다.

스마일링 호흡법은 나의 깊은 곳을 향해 내려가다가 (누구와도 연결될 수 있도록) 긍정 에너지를 다시 끌어올리며 마무리합니다. 이 호흡법은 집중해서 호흡(명상)에 임하기 전 단계의 일반인을 위한 것입니다. 어떤 스승께 전수받거나 수행법으로 널리 알려진 명상의 형태는 아닙니다. 하지만 스마일링으로 마무리하면서 나 자신, 사랑하는 이들, 세상과 연결될 수 있는 에너지를 직접적으로 내 안에 담습니다. 이것은 사랑의 에너지입니다. 이 에너지에 힘입어 나 자신을 좀 더 쉽게 내려놓을 수 있습니다.

• 유의점

우선 방해받지 않는 조용한 시간과 마음이 편안한 장소를 찾습니다.

정해진 장소나 자세는 없습니다. 당신이 진정으로 편안한 것이 중요합니다. 들숨과 날숨 중 더 잘되거나 어려운 것이 있을 수 있습니다. 잘 안 되는 쪽을 좀 더 집중해서 진행하다 보면 어느새 자연스럽게 호흡이 가능해집니다. 자기 자신을 믿어 보세요.

호흡이 안 되는 날도 있습니다.

호흡을 하면서 잡념이 떠올라 집중하기 어려울 수도 있습니다. 내가 다른 생각 중이었다는 것을 인지하고 다시 호흡으로 돌아오면 됩니다. 애쓰지 않아도 됩니다. 호흡을 통해 당신이 해내야 하는 것, 해야만 하는 것에 대한 규칙은 없습니다. 당신은 안전하며 사랑받을 가치가 충분한 사람임을 잊지 않는 것이 가장 중요합니다.

처음에는 호흡이 당신의 편안한 일상 습관으로 자리 잡을 수 있도록 호흡만 해도 좋습니다.

당분간 매일 일정하게 호흡하는 시간을 마련하는 '루틴'(일상 패턴, 습관)을 만드는 것으로도 충분합니다. 유난히 마음이 편안해지는 특정 소리, 냄새, 색깔, 장소가 있으면 호흡하는 동안 그것과 함께해 에너지를 얻어도 괜찮습니다.(호흡에 익숙해지면 필요하지 않습니다. 이미 내 안에 다 있기 때문입니다.)

당신이 뿌리 상처에 접근했다면, 스마일링 호흡법 2단계인 '날숨 집중'을 시작해도 좋습니다.

• 방법

1단계. 의식적으로 들숨과 날숨을 편안히 진행하다 보면 현재의 나와 내가 있는 공간을 느끼게 됩니다. 머릿속에 어떤 생각이 떠오르는지 조용히 자신을 바라보면서, 자연스럽고 편안하게 호흡합니다. 당신이 해야만 하는 것은 없습니다. 그저 편안히 숨만 쉬면 됩니다. 현재의 나를 있는 그대로 고요하게 마주합니다.

2단계. 날숨 집중(쌓인 것 뱉어내기). 스마일링 호흡법의 초반에는 들숨과 날숨 중에서 날숨에 좀 더 집중합니다.

① 날숨(속으로 여섯까지 세기)-들숨(속으로 다섯까지 세기). 날숨을 더 길게 진행한다.

② 눈을 감고 날숨에 집중하면서 내 안의 모든 부정적인 에너지를 날숨(여섯까지 세기)에 담아 보낸다.

③ 상처의 기억을 감정과 함께 날숨에 실어 내 몸으로부터 떠나보내고, 내 안에 쌓인 스트레스와 내 것이 아닌 신념들을 내뱉는다.(내가 뱉어낸 부정적 에너지가 나로부터 자연스레 흘러나간다.)

④ 호흡을 거듭할수록 나는 점차 나의 깊은 내면을 향해 뿌리로, 아래로 내려간다.

⑤ 날숨과 함께 다음 동작을 진행한다.

: 턱을 살짝 당긴다. 날숨은 '후' 소리를 내는 느낌으로 뱉는다.(숨을 들이마시는 동안 손을 배꼽에서부터 끌어올리며 머리 위까지 올림.) 날숨을 시작하면서 손을 머리 위에서 얼굴을 지나 아래로 내려오되, 날숨 방향으로 손도 함께 내뻗는다. 내뻗을 때의 손동작은 손등이 보이게 안쪽에서 바깥으로 내려보낸다.(처음 2~3회만 실제로 진행하고, 그 이후부터는 마음속으로 느낌만 간직하며 호흡만 진행. 동작이 부자연스럽게 느껴지거나 안 하는 것이 더 편하면 처음부터 호흡만 해도 좋다.)

⑥ 가벼워지고 편안해지고 차분해지며, 더 깊은 나의 세계에 도착한다. 나의 모든 세포가 맑고 투명해지며 내면은 고요하고 평화롭다.

3단계. 들숨, 날숨을 동일하게 여섯까지 세기 3세트를 진행합니다.

: 날숨 집중과 들숨 집중을 자연스레 이어주는 중간 단계.

4단계. 들숨 집중(긍정 에너지 끌어오기). 스마일링 호흡법의 중반에는 들숨과 날숨 중에서 들숨에 좀 더 집중합니다.

① 들숨(속으로 여섯까지 세기), 날숨(속으로 다섯까지 세기). 이런 식으로 들숨을 더 길게 진행한다.

② 좋아하는 그림, 음악, 향기 등을 감각으로 보고 듣고 맡거나 상상하면서, 그로부터 느껴지는 행복한 에너지를 들숨과 함께 끌어당긴다.

③ 내가 겪은 행복하고 즐거웠던 장면을 떠올린다. 행복했던 기억과 감정을 생생하게 떠올리며 지금 여기에서, 그 당시의 기쁨을 그대로 느낀다.(사랑하는 사람들의 웃음소리, 나를 향한 미소, 축하한다/사랑한다/감사하다고 내게 말해주던 목소리, 기쁜 감정, 즐거웠던 순간, 편안하고 행복했던 장면을 전체적으로 섬세하게 생생히 떠올린다.)

④ 우주의 긍정 에너지(행운, 행복, 기쁨)를 끌어당겨 나의 들숨에 함께 담아 내 안을 충만하게 채운다.

⑤ 들숨과 함께 동작을 진행한다.

: 턱을 살짝 든다. 손바닥이 보이게 손을 펴고, 들숨이 반복될수록 손의 위치가 점차 위로 올라간다.(처음 2~3회만 실제로 진행하고, 그 이후부터는 마음속으로 느낌만 간직하며 호흡만 진행. 동작이 부자연스럽게 느껴지거나 안 하는 것이 더 편하면 처음부터 호흡만 해도 좋다. 마지막 한 번의 호흡은 손을 가슴에 포개어 얹으며 마무리한다.) 이때 날숨은 파스텔 톤의 따뜻한 구름 위에 나의 숨결을 살짝 얹어놓

는다는 느낌으로 부드럽게 내뱉는다. 날숨의 초반엔 '하아' 소리를 살짝 내고, 호흡을 진행할수록 점점 소리가 옅어지면서 소리 없이 공기만 입 밖으로 나가게 한다.

⑥ 자신이 들숨을 통해 점점 긍정의 에너지로 부풀어 오르고 조금씩 더 높은 차원의 위로 올라간다고 생각하며 들이마신다. 날숨도 조금씩 높은 구름 위로 내 숨을 점차 높게 쌓아 가볍게 뱉어 올린다고 생각한다.(숨결은 시간이 갈수록 점차 섬세해지고, 섬세해지기 때문에 적은 양으로도 호흡 유지가 가능해진다.)

5단계. 웃으며 행복하게 호흡(더 높은 차원의 나). 스마일링 호흡법의 마지막에 행복한 미소를 짓습니다.

: 호흡을 하면서 미소를 짓는다. 스마일링 호흡법은 행복한 웃음이 가장 중요하다.

① 3, 4단계를 자연스럽게 함께 실시한다. 기쁘고 즐겁고 행복했던 장면을 생생하게 떠올리며 사랑하는 사람들과 함께 마음을 나누고 있다고 생각한다. 머리만이 아니라 온몸으로 사랑과 행복을 느껴야 한다.

② 처음엔 입가에 조금씩 미소가 돌다가, 호흡을 거듭할수록 점차 얼굴에 미소가 번진다. 마지막 순간엔 행복의 감정을 온몸으로 느끼면서 스마일링 호흡을 한다는 사실도 잊은 채, 나도 모르게 웃고 있다.(~4단계까지는 호흡이 섬세해지며 호흡의 양이 적어지는 방향으로 진행했다면, 5단계에서는 에너지의 진폭이 커지면서 호흡이 역동적으로 변할 수도 있다. 그래도 좋고, 아니어도 좋다. 그저 자연스레 미소가 지어지며 행복하면 된다. 나의 내면, 그리고 세상과 연결되는 느낌이 들면 옳게 호흡한 것이다.)

③ 긍정의 에너지가 가득 차오를 때 느껴지는 행복을 표현해도 된다. 소리 내어 웃어도 좋다.

④ 행복한 나로 다시 태어나기. 세상과 연결되어 함께할 수 있는 나, 더 높은 차원의 내가 되어 스스로에 대한 믿음이 가득해진다.

⑤ 지금 웃고 있는 내 모습이 소중한 생명으로 태어났을 때부터 본래 있던 '진짜 나'라는 것을 받아들이고, 오늘 하루를 더 높은 차원의 행복한 나로 살기로 결심한다.

⑥ "참 감사합니다!"라고 말하며 스마일링 호흡법을 마친다.

WRITER'S TIP

다른 형태의 명상과 호흡이 더 편안한 경우에는 그것을 하시면 됩니다. 근원에 닿는 정해진 길은 없으며, '나'에게 맞는 방식은 각자 다를 수 있습니다.

자유와 안정으로 조화되는 삶

어느 날 저녁, 집에서 다음 날 온라인 수업 내용을 준비하는 중이었다. 2년째 코로나를 겪으면서 어느새 온라인에서 학생들을 만나는 게 자연스러워졌다. 준비 중인 수업 내용은 크고 투명한 수조에 빨간 색소를 넣은 뜨거운 물과 파란 색소를 넣은 찬물을 섞는 실험이었다. 거실에 있던 딸이 다가와 물었다.

"엄마, 뭐 하세요? 재미있겠다. 물에 빨간 가루 제가 넣어봐도 돼요?"

칸막이로 분리된 수조에 온도가 다른 물을 각각 넣은 후 양쪽에 두 종류의 색소를 부어 물에 고루 섞었다. 투명했던 물이 붉고, 푸르게 물들었다.

"엄마, 빨갛고 파란 물이 이렇게 수조 안에 나란히 나뉘어 있으니까 마치 커다란 자석이나 네모난 태극무늬 같아요."

난 웃으며 수조 가운데 놓인 칸막이를 위로 들어 올렸다. 그러자 붉고 뜨거운 물과 푸르고 차가운 물이 만나기 시작했다. 마치 연기가 퍼지듯이 붉은 물은 위쪽으로, 푸른 물은 아래쪽으로 이동하면서 두 물 사이에 사선 형태의 경계가 생겼다. 순간 그 모양이 진짜 태극 같았다.

"엄마! 이거 봐요. 물이 서로 한 번에 합쳐지질 않아. 둘이 서로 알아가는 중인가 봐. '안녕? 나는 뜨거운 물이야. 너는 참 차갑구나.' 아직 이렇게 이야기를 나누는 중인가 봐요. 서로 너무 달라서 놀랐나 봐."

곧 두 물 사이에 존재하는 보라색 경계가 점차 넓어지고 흐려지더니 수조 안의 물이 모두 보라색이 되었다. 나는 실험을 설명하는 수업 자료를 만들기 위해 옆에 있는 노트북을 켰다. 그때 딸이 수조 안에 손을 넣어 물을 만지면서 말했다.

"엄마, 완전히 합쳐졌다! 빨간색이랑 파란색은 이제 없어졌어. 전부 다 보라색뿐이야. 빨간 물이랑 파란 물이 만나서 보라색 아기를 낳았나 봐. 그래서 아기는 뜨겁지도 차갑지도 않고 미지근한 거야. 딱 좋다."

어린 딸의 눈엔 두 종류의 물이 섞이는 모습이 마치 남녀가 만나 사랑으로 새 생명을 탄생시키는 과정처럼 보인 듯했다. 그 해석이 참 재미있었다. 그리고 정말 맞는 이야기 같았다.

노트북에 실험에 대한 설명을 쓰는데, 문득 내가 과학이란 땅 위에서 철학이란 하늘을 보고 있는 것 같았다. 그러면서 이런 생각이 들었다. 서로 다른 너와 내가 만나서 우리가 되어가는 과정을 온도가 다른 물이 섞이는 것으로 설명할 수 있구나. 나는 떠오르는 대로 노트북에 글을 써 내려갔다.

뜨거운 물의 입자는 넘치는 열에너지 때문에 사방으로 운동하며 정신없고 무질서하다. 반면 찬물의 입자는 추워서 뜨거운 물에 비해 비교적 일정한 방향으로 움직이고 나름의 질서가 있다. 둘은 너무 다르다. 각자 특유한 고유 가치 안에서 나만의 멋에 취해 자유를 만끽한다.
이때 뜨거운 물과 찬물을 섞는다. 뜨거운 물은 차가운 물을 바라본다. 너무 다른 온도 차이 때문에 둘 사이에 경계가 생긴다. 그렇게 경계를 두고 온도가 다른 물은 서로를 알아간다. 너무 다른 두 물은 서로의 다름에 끌린다. 그리고 열에너지는 뜨거운 물에서 차가운 물 쪽으로 이동하기 시작한다. 동시에 나만의 고유했던 자유는 다른 존재로 인해 침범받기 시작한다.
뜨거운 물과 차가운 물은 자기만의 방식을 고수하고 자유를 지킬 것인지, 혹은 이제 경계를 풀 것인지 고민한다. 그때 경계에 존재하는 보라색 평형이 내게 속삭인다.
"너는 완전히 빨개지는 것도, 완전히 파래지는 것도 아니야. 그저 뜨겁지도 차갑지도 않은 중간의 온도를 향해 변하고 있어. 나처럼 새로운 보라색이 되는 거야."

반대쪽에 서 있던 두 종류의 물은 처음으로 보라색의 안정을 맛보게 된다. 나의 고유한 자유는 계속 침범당한다. 그러나 나의 자유 에너지 손실은 우리가 함께해서 느낄 수 있는 아름다운 안정으로 채워진다. 비워내는 것만큼 채워지면서 전체 에너지는 여전히 그대로 보존된다는 것을 깨닫는다. 결국 모두는 경계를 버리고 새로운 평형을 향해 가기로 결정한다. 무질서했던 뜨거운 물은 찬물 쪽으로 열에너지를 주면서 점차 안정과 질서를 찾기 시작한다. 동시에 찬물 입자는 뜨거운 물로부터 열에너지를 받아 사방으로 운동하며 점차 무질서해지고 자유로워진다. 달랐던 둘은 그렇게 서로를 닮아간다. 그리고 결국 뜨겁지도 차갑지도 않은 적당한 온도에서 둘은 평형을 이룬다. 전혀 달랐던 두 종류의 물은 어느새 완전히 하나로 일치한다. 평형 상태에서 자유와 안정은 조화를 이룬다. 그리고 자유와 안정의 조화가 주는 새로운 행복은 개별의 너와 내가 있으면서도 동시에 우리가 존재할 수 있는 이유가 된다.

여기까지 쓰고 나니 가슴이 벅차오르며 코끝이 찡해졌다. 나는 속으로 생각했다.

'이 땅의 모든 생명이 그 어떤 상황에서도 조화가 주는 행복을 끊임없이 선택하기 때문에 우리는 오늘만 살지 않고, 내일을 기약할 수 있구나. 우주의 모든 것이 존재할 수 있는 이유는 매 순간 새로운 평형과 조화를 선택하기 때문이야. 참 감사하다.'

다음 날 1교시 수업을 마치고 다른 반의 2교시 수업을 시작했을 때, 이 학급의 분위기가 유난히 도드라지게 느껴졌다. 방금 전 1교시 수업을 한 다른 학급과 대비되는 분위기와 특색이 있었다. 학급을 구성하는 아이들은 생김새도, 성격도, 성적도 제각각 다르다. 아이들을 보면 두 학급의 차이가 없었지만, 아이들을 한 무리로 모아놓으니 그 무리 나름의 분위기가 있었다.

"얘들아, 너희가 다른 반에 비해서 유난히 밝고 활기찬 거 알고 있니? 방금 수업한 반은 차분하고 조용했거든."

"네, 선생님! 다른 선생님들도 그렇게 말씀하세요. 저희 반이 엄청 시끄럽대요. 대신 저희는 발표를 잘해요. 그래서 저희가 그 반보다 더 예쁘죠? 그쵸, 선생님?"

아이들이 귀여워서 웃음이 났다. 나는 실험을 영상으로 보여주며 다른 온도의 물이 섞이는 과정이 우리의 삶과 비슷하다는 이야기를 했다.

"내 눈에 보이는 '물' 안에 존재하는 개별 입자들은 무질서하게 어딘가에 존재해. 그런데 동시에 이들이 모여서 '물'이라는 사회를 만들지. 원자가 하나씩 모여 물이 되면 높은 곳에서 낮은 곳으로 흐르거나 0℃에서 어는 것과 같은 공통의 규칙과 질서가 생기잖아. 정말 신기한 일이야. 무질서가 모여서 질서가 되고, 질서 안엔 무질서가 존재하니까."

아이들은 나의 이야기를 가만히 듣고 있었다.

"이건 마치 생김새나 생각, 처지가 모두 다른 각자가 자유롭고 무질서하지만, 그런 우리가 모여서 이루는 사회는 나름의 일정한 색과 질서를 보이는 것과 비슷해. 너희들 한 명씩은 다르지만 모아놓으면 옆 반과 다른 너희 무리만의 특색이 생기는 것처럼 말이야. 우리는 참 귀한 인연이야. 이렇게 다른 너와 내가 만나서 우리가 되었잖아."

한 여학생이 웃으면서 귀엽게 손으로 하트 표시를 했다. 그러자 다른 학생들도 웃으며 하트 표시를 하거나, 우리는 귀한 인연이니까 자신한테 잘하라며 장난을 쳤다. 아이들은 다시 시끌벅적해졌다. 자기 무리의 독특한 색깔을 마음껏 뿜어내는 것 같아 웃음이 났다. 딸과 제자들 덕분에 더 큰 행복과 깨달음을 얻은 것 같아 어느 때보다 기뻤다.

인간을 포함한 우주의 만물萬物은 서로 다른 고유 가치를 지닌다. 복잡하게 얽혀 있는 우주라는 세상 안에서 개별의 너와 나는 끊임없이 만나고 새로운 상황에 처한다. 단 한순간도 똑같지 않은 수많은 경우 가운데에서도, 여전히 나와 너는 만나서 하나가 되고 우리는 서로 같아진다. 우리는 경계하지만 동시에 늘 새로운 선택을 하며 또 다른 조화와 평형을 창조한다. 우리가 함께 만드는 또 하나의 존재가 탄생하는 것이다.

이는 우주가 존재하는 방식이며, 하나의 생명이 죽음을 맞이한 이후에도 세상에 나의 존재를 알리며 끊임없이 생명을 이어갈 수 있는 방법이다. 우리가 사랑하는 것도, 행복할 수 있는 것도, 생명으로 살아 숨 쉴 수 있는 것도 모두 조화와 평형을 향해 가는 여정 덕분이다.

우리가 광활한 우주의 한 부분으로서 찾을 수 있는 '진정한 행복'은 나의 '자유'와 너와 함께하는 '안정'이 만나는 중간 지점에 있지 않을까? 매 순간 다르지만 조화로운 중간 어딘가 말이다.

타인의 뿌리 상처에 접근하기

어느 초등학교 앞 떡볶이 가게에서 선배를 기다리고 있었다. 하교 시간인지 그렇지 않아도 맛집으로 유명한 가게가 아이들로 북적였다. 학생들 중 한 무리가 식당 앞에 놓인 오래된 게임기로 모였다. 평범하고 귀여운 보통의 남자아이들이었는데, 그중 목소리가 큰 한 아이가 눈에 띄었다. 얼굴에는 호기심과 활기가 넘쳤고, 친구들은 그 아이의 말에 끊임없이 웃고 반응했다. 무리의 리더 같았다. 그때 한 명이 일어나 소리쳤다.

"선생님이다!"

리더로 보이는 그 학생은 혼자 벌떡 일어나 길 건너 중년 여성에게 뛰어갔다. 둘은 웃으며 대화를 나누더니, 학생이 배꼽 인사를 하자 선생님으로 보이는 여성은 아이의 머리를 자상한 손길로 쓰다듬었다. 학생은 전장에서 승리하고 돌아오는 영웅처럼 자신감 넘치는 모습으로 돌아왔다. 아이가 귀여워서 미소가 지어졌다.

그때 선배가 왔다.

“늦어서 미안. 오후에 오빠랑 만나기로 했거든. 아침에 올케언니랑 통화하느라 늦었어. 내가 마음의 힘이 많이 생겨서 다행히 지금은 오빠나 엄마로 인한 심적인 고통은 덜해. 하지만 당장 오후에 오빠를 만난다고 뭘 해결할 수 있을지 모르겠어. 내 코가 석 자인데, 힘들다. 진짜.”

선배는 여러 번 오빠에게 금전적 도움을 주거나 장사할 가게를 함께 알아봐 주고 채무 정리를 돕는 등 어려움을 겪는 오빠네 부부를 지속적으로 도왔다고 했다. 그러나 오빠는 가족들의 돈을 끌어다 시작한 이번 사업도 빚만 가득 남긴 채 잠적해 식구들의 애를 태우고 있었다.

“오빠가 공부는 참 잘했는데 계산을 잘 못 하나? 이번엔 오빠가 올케언니랑 학원을 차렸다가 잘 안 돼서 접은 거야. 개업하고 바로 코로나가 터지는 바람에 그렇다는데, 그래도 어떻게 하는 일마다 계속 실패할 수가 있지? 그걸 만회하려고 막판에 코인에 투자했다가 더 힘들어졌나 봐. 어휴, 투자도 장사도 쉽지 않지. 하지만 직업이 지금까지 몇 번 바뀌었는지 몰라. 사람은 참 착하거든. 오빠는 자영업할 운명이 아닌가?”

반복되는 실패에는 근본적인 이유가 있기 마련이다.

"오빠의 어린 시절은 어땠어요?"

"얘는. 어린 시절은 무슨. 조카들을 봐서라도 오빠를 돕긴 도와야 하는데, 방법이 없어 방법이. 요즘 경기가 얼마나 어려운지 네가 몰라서 그래. 나 조만간 우리 로펌 직원도 몇 명 그만두라고 말해야 하고. 하아, 왜 이렇게 힘든 일은 동시에 터지는 거니. 오빠가 사업할 운명인지 아닌지나 좀 봐줘. 이따 오빠 만나야 해. 시간이 없어."

"선배, 정해진 운명은 없어요. 그걸 잊으시다니 불안해서 마음이 많이 조급해졌나 봐요. 우리 모두는 겉으로 보이는 문제에 집중하는 경향이 있어요. 하지만 모든 문제는 결국 뿌리를 찾아내야 해결할 수 있어요. 진짜 이유를 아는 순간 문제는 더 이상 문제가 되지 않아요."

"우리 오빠야 어릴 때 공부도 잘하고 초등학생 때는 학급 회장도 했지. 그런데 가세가 기울고 엄마가 장사를 하면서부터 말이 없어졌어. 엄마가 볼 때만 책상에 앉아 있고 늘 누워 있었다니까."

우리 테이블에 떡볶이와 순대가 나왔다. 선배는 말을 이어갔다.

"학기 말에 고학년 교실에 가면 선배들이 버리고 간 문제집이 교실 뒤에 쌓여 있었거든. 그럼 난 그걸 챙겨서 집으로 가지고 왔어. 돈은 없는데 공부는 해야 하니까. 한번은 내가 오빠 문제집도 챙겨 왔다? 밥 먹을 땐 오빠가 아무 말 없더니, 엄마가 장사하러 나가자마자 내 얼굴에 문제집을 던지더라고. 나더러 거지새끼라면서."

어린 시절 선배의 오빠에게 억눌려 있었던 무언가가 느껴졌다.

"어머니는 오빠에게 어떤 사람이었어요?"

"엄마는 오빠만 예뻐했다니까. 나는 안중에도 없었어."

"그건 선배 입장이고, 오빠를 대하는 어머니의 모습을 이야기 해줘요."

"오빠를 대하는 엄마? 오빠 입장에서 보면 엄마가 다른가?"

선배가 곰곰이 생각하는 동안 떡볶이집으로 엄마와 어린 아들이 들어왔다.

아까 보았던 무리의 리더 학생이었다. 엄마가 테이블에 앉아 음식을 주문하는 동안 아이는 컵에 물을 따라와 테이블에 놓았다. 어린아이로서는 보기 드문 배려심 있는 행동이었지만, 엄마는 그저 휴대폰만 보고 있었다. 아이는 엄마를 향해 "캬~" 소리를 내면서 물을 연신 마셨다. 엄마의 관심을 끌고 싶은 것 같았다. 그때 아이의 엄마가 말했다.

"엄마가 밖에 나와선 조용히 좀 하랬지."

아이는 주눅이 들었는지 눈을 아래로 내리깔고는 멋쩍어하며 자세를 고쳐 앉다가 그만, 물컵을 쓰러뜨렸다.

"자~알 한다! 내가 너 그럴 줄 알았어. 엄마가 가만히 좀 있으라고 했어, 안 했어! 빨리 휴지로 닦지 못해?"

조금 전 선생님이 웃으며 쓰다듬어준 아이의 머리는 푹 숙여져 있었다. 친구들을 웃기며 리더로 활동하던 아이의 목소리는 들리지 않고, 아들과 엄마 사이엔 정적만 흘렀다. 물을 쏟은 건 실수이지 실패가 아니지 않은가? 엄마의 눈엔 아이의 무엇이 '문제'로 보이는 걸까? 아이를 보던 선배가 말을 꺼냈다.

"저 여자분 우리 엄마랑 비슷하다. 우리도 저런 식으로 많이 혼났는데. 엄마의 첫마디가 너 '그럴 줄 알았다'였어. 그래도 뭐, 나는 엄마한테 혼나는 게 싫지는 않았어. 그렇게라도 엄마의 관심을 받는 게 무관심보다는 나았지. 하지만 저 말엔 자식이 계속된 실수를 저지를 것이란 전제가 깔려 있잖아. 그땐 몰랐는데 옆에서 보니 참 끔찍한 말이다."

"오빠는 어때 보였어요? '너 그럴 줄 알았다'라는 말을 들을 때 선배는 그런 엄마의 관심이 싫지 않았지만, 오빠는 달랐을 수 있어요."

그때 선배는 두 손으로 자신의 입을 틀어막았다. 엄청난 무언가를 발견해 놀란 것 같았다.

"세상에. 우리 오빠는 나처럼 아무렇지 않은 게 아니었구나. 그래서 그렇게 속상해했던 거였네. 엄마는 오빠를 세상 귀하게 여겼거든. 오빠에 대한 기대가 정말 커서 작은 실수도 용납하지 않으셨어. 우리를 칭찬한 적이 거의 없었지. 엄마는 우리의 실수를 비꼬는 말을 정말 많이 했거든. 마치 우리의 실패를 예견했다는 듯이 말이야."

생각해보니 나도 엄마에게 "너 그럴 줄 알았다"라는 말을 종종 들었다. 선배는 끔찍하다고 표현했지만, 자식을 올바로 키워야 한다는 의무감이 있는 부모 입장에선 생각보다 자꾸 하게 되는 말 중 하나다. 선배는 건너 테이블을 물끄러미 바라보았다. 여전히 휴대폰을 하는 어머니와 그 앞에서 풀이 죽어 떡볶이를 조용히 먹는 남자아이가 보였다. 엄마는 상처를 주려고 한 게 아니지만, 아이는 엄마의 말에 영향을 받았다.

"그때 생각난다. 학교에서 전 학년이 참여하는 수학 대회가 있었는데 우연히 오빠랑 나란히 옆자리에 앉게 된 거야. 나는 1등을 하고 싶어서 일부러 남들이 틀릴 것 같은 어려운 문제를 골랐어. 그런데 오빠는 나도 풀 수 있을 것 같은 쉬운 문제를 고르더라고. 지금 생각해보니, 오빤 틀리는 경험 자체를 하고 싶지 않았던 것 같아. 실패는 안전하지 않다고 느꼈나 봐."

"오빠가 칭찬 없이 훈육만 들었다면 자신감이 많이 떨어졌을 것 같아요. 실패에 대한 두려움이 생기면 아예 시도조차 하지 않게 되거든요. 안전을 위해 자신을 틀 안에 가두면서도, 그런 자신을 나약하다고 자책하며 수치심을 느꼈을지도 몰라요."

"맞네. 지금 생각해보니 오빠도 힘들었을 것 같아. 나는 오빠가 엄마의 사랑을 독차지해서 좋겠다며 부러워만 했거든. 아빠가 떠난 후로는 엄마가 오빠에게 더 집착했어. 어떤 친구와 친하게 지내야 좋은지, 친구 관계까지 간섭했거든. 오빠가 집안의 기둥이 되어 보란 듯이 성공하길 바랐지. 오빠는 그런 엄마의 기대가 부담스러웠을 거야. 고생하는 엄마를 실망시키고 싶지 않았을 테니, 그걸 속으로만 앓았나 봐."

"선배, 저 아이는 테이블에 앉을 때 엄마한테 칭찬받고 싶어서 시키지도 않았는데 스스로 물을 떠왔어요. 하지만 엄마는 칭찬은 커녕 실수하는 아들을 윽박질렀지요. 여러 가지 노력에도 원하는 보상을 받지 못하고 실패했다는 느낌만 계속 받으면 아이는 어떤 생각을 하게 될까요? 어떤 마음일 것 같아요?"

"내가 뭘 해도 소용없구나. 나는 잘하는 게 없는 사람인가 싶을 것 같은데?"

"엄격한 엄마한테 혼나기만 한 저 아이는 사실 조금 전까지 식당 앞에서 게임을 하며 친구들을 웃기곤 했어요. 아이들이 망설일 때 혼자 용기를 내어 길 건너 선생님께 인사도 했지요. 선생님은 아이의 머리를 쓰다듬었어요. 그런데 지금은 작은 실수에 풀이 죽어 있네요. 저 아이는 앞으로 커서 어떤 사람이 될까요?"

"친구들과 선생님에게 인정받으니 다행이긴 한데, 선생님은 매년 바뀌잖아. 엄마는 평생을 함께하는 가족이고 주 양육자인데, 가슴이 아프다. 엄마는 분명히 아들을 목숨처럼 사랑할 텐데."

"1967년에 미국의 심리학자 마틴 셀리그먼Martin Seligman이 제안한 '학습된 무기력'*이라는 게 있어요. 아무리 노력해도 도망칠 수 없도록 개를 묶어놓고 전기 충격을 주면서 무기력을 학습시켜요. 그러면 나중에는 충분히 전기 충격을 피할 수 있는 상황이어도 개가 꼼짝하지 않아요. 이전에 학습된 무기력감으로 인해 충분히 대응할 수 있는 상황에서도 반응하지 않는 거죠."

"개를 묶어놓고 전기 충격을 계속 줬다고? 세상에, 너무 잔인하잖아. 아무리 발버둥 쳐도 고통을 피할 수 없는데 '나는 그 무엇도 할 수 없구나'라고 느꼈을 거 아냐. 그 개는 아마 우울증을 앓았을 것 같다."

그런데 잠시 후 선배는 눈물을 흘리기 시작했다.

"있잖아. 그 실험 이야기에 왜 우리 오빠가 떠오르지? 가슴이 미어지는 것 같아. 눈물이 멈추질 않아."

나는 조용히 선배의 손을 잡아주었다. 선배는 오빠의 뿌리에 다가갔다. 그녀는 오빠와 연결되며 진심으로 그의 고통을 느끼고 있었다.

"이번에도 오빠가 빚쟁이들에게 시달리는 올케언니를 두고 잠적했다는 말에 혹시라도 오빠가 죽으면 어떡하나 덜컥 무섭기도

* 피하거나 극복할 수 없는 부정적인 상황에 지속적으로 노출되면, 어떠한 시도나 노력도 결과를 바꿀 수 없다고 여기고 무기력해지는 현상. 자신이 어떤 노력을 기울여도 결과가 바뀌지 않을 것이라는 생각으로 인해 대처할 수 있는 상황에서도 아무런 시도를 하지 않게 된다. 이는 의욕 상실, 열등감, 우울 등으로 이어질 수 있다.

하면서, 동시에 왜 문제를 자꾸 회피하려고만 할까 싶은 거야. 나도 선불리 사업을 벌여서 요즘 고생하고 있지만, 그래도 희망을 가지고 어떻게든 극복하고 이겨내려 애쓰는 중이야. 그런데 오빠가 자꾸 더 아래로 추락하는 것 같아서 너무 걱정돼."

선배는 가슴에 손을 얹더니 깊은 한숨을 쉬었다.

"오빠는 이제 뭔가를 포기한 느낌이야. 내가 겪은 고통과는 다른 종류의 괴로움에 빠져 있는 것 같아. 나는 불안을 통제하려고 악착같이 살았는데, 오빠는 사랑하는 사람들을 실망시킬까 두려워서 시도하지 않는 쪽을 택한 거지. 하지만 결국 같은 거네. 오빠와 나는 반대인 것 같지만, 우린 결국 상처받기 싫었던 거야."

선배는 연신 눈물을 훔쳤다. 선배의 모습에 가슴이 아팠지만 한편으로는 다행이라는 생각이 들었다. 선배는 오빠가 가진 문제의 근본 원인을 알게 되었기 때문이다.

"학습된 무기력과 우울증에 관한 실험이 많아요. 학습된 무기력 상태에 놓인 쥐의 우울증을 치료한 후 다시 실험을 하니 쥐가 살고자 노력했다는 결과*도 있어요."

* 항우울제 효과를 확인하기 위한 포솔트의 강제 수영 실험Porsolt's forced swim test. 실험용 쥐를 물을 채운 수조에 빠뜨리고 방치해 무기력을 학습시킨 후 항우울제를 투여하면, 또다시 의욕이 되살아나 열심히 헤엄을 친다는 결과를 얻었다. 실험용 쥐 한 마리를 물을 채운 수조 안에 넣고 관찰한다. 쥐는 수조에서 빠져나오기 위해 안간힘을 쓰며 헤엄을 친다.

“정말? 그래 맞아. 우리 오빠가 원래 우울하고 무기력하게 태어난 건 아니잖아. 어릴 땐 오빠가 얼마나 똑똑하고 재밌었다고. 다행이다. 정말 감사한 일이야. 오빠를 깊이 느끼니까, 막막하던 문제에 자신감이 생겨.”

“우리가 겪고 있는 현실 문제는 해결되지 않은 뿌리 상처가 반복해서 만드는 그림자의 연속일 뿐이에요. 결과가 실패라고 해서 그 사람 자체가 부족한 게 아니에요. 차단되어 있을 뿐이지요. 뿌리에 상처가 많아서 용기가 생길 자리가 없는 거예요. 근본 뿌리를 치유하면 더 이상 그림자는 생기지 않으니, 자연스레 현실 문제를 해결할 수 있어요. 심지어 도와주는 귀인과 행운도 끌어당길 수 있을 거예요.”

“맞아. 오빠를 이해하니 이제야 알 것 같아. 원래 모자라게 태어나서 실패한 게 아니라, 모자라니까 안 될 거라고 생각해서 실패한 거야. 네가 말한 호랑이와 개미의 차이는 이것이었구나. 하지만 우리가 오늘을 개미처럼 산다고 해서 내일도 그러라는 법은 없잖아. 그래, 오빠는 문제가 있는 사람이 아니라 사랑이 필요한 사람이었어. 아팠던 거야.”

우리가 지금 할 수 있는 작은 것부터 시작해 성취감을 느끼면 점차 자신을 긍정 에너지로 채울 수 있다. 그리고 나와 선배가 해온 것처럼 마음의 힘을 키우면서 자신의 상처를 마주하고 스스로 치유할 수 있다. 이러한 치유 과정을 잘 기억해두면, 다음 상처를 직면할 땐 이전의 치유 기억을 따라서 좀 더 수월하게 접근이 가능하다.

"일단 이따 오빠를 만나면 아주 깊은 이야기까지 온전히 다 들어주어야겠다. 리온아, 예전 나라면 못 했을 거야. 아마 오빠가 몇 마디 꺼내자마자 '그러니까 이렇게 해!'라며 방법부터 말했을지 몰라. 어떻게든 문제를 빨리 해결하고 치워버리고 싶으니까."

"맞아요. 우리 처음 만났을 때와 다르게 지금은 선배 내면에 존재하는 강한 힘이 느껴져요. 넘쳐흐르는 빛은 반드시 주변까지 밝힐 수 있답니다. 오빠도 선배도 자기 자신을 되찾고 숨겨진 가능성을 열면 많은 것을 해낼 수 있을 거예요."

"맞아. 난 내가 분명히 곧 죽을 거라고 생각했잖아. 그땐 세상 모든 일이 다 불가능해 보였어. 돈 걱정도 없고 살기는 오히려 편했는데 말이야. 대출 이자에 허덕이면서 사업체 살려보겠다고 뛰어다니지만 오히려 지금의 내가 더 튼튼한 것 같아. 회사 문제도 점차 해결할 수 있을 거야. 뿌리 상처를 치유하면 사람이 이렇게 바뀌는구나, 얘."

가슴이 찡했다. 말하는 선배를 보는데 이전과는 다른 느낌이었다. 선배의 눈동자에선 더 이상 바람 앞에 흔들리는 촛불이 보이지 않았다.

"과거의 내가 혼란스러울 때 저지른 실수는 수습하는 데 많은 에너지가 필요한가 봐. 그래, 인내심을 가지고 해보자. 오빠가 할 수 있는 작은 것부터 하나씩 시작하면 실타래를 풀 수 있을지도 몰라."

선배는 자신의 그릇을 어느새 빛으로 가득 채워 주변을 밝히기 시작했다. 자신이 겪고 있는 문제가 얼마나 크고 오래됐는지는 문제가 아니다. 해결의 실마리는 문제의 근본 원인을 알고 있는가에 달려 있다. 모든 결과에는 이유가 있다. 문제의 본질과 이유를 안다면 더 이상 문제는 문제가 되지 않는다. 필요한 건 자기 자신을 치유할 수 있는 시간과 인내심, 사랑일 뿐이다. 누구나 자신을 사랑하는 마음으로 오롯이 혼자 해낼 수 있다.

내가 받은 치유

해가 바뀌었다. 선배에게서 연락이 없었지만 난 그녀가 걱정되지 않았다. 마지막으로 함께했던 그녀는 건강한 뿌리에서부터 차오른 빛을 발산하고 있었기 때문이다. 그동안 내게도 많은 변화가 있었다. 우선 색다른 방법으로 상담에 접근했다. 예전의 나는 상담을 할 때 제일 먼저 상대방의 사주를 보고, 그로부터 그가 어떤 사람인지를 가늠했다. '이분은 재물복이 약하구나. 올해 자녀분과 어려움이 있겠네.' 그들의 고민도 대부분 내가 예상했던 것과 일치했다. 그러면 나는 그들의 문제가 당연하다는 듯이 한계를 정해놓고 그 안에서 해결책을 찾으려 노력했다. 개미가 개미의 삶 안에서 해결할 수 있는 방법을 찾으려 했던 셈이다.

그러나 선배의 치유 여정을 함께하는 동안 내 생각은 완전히 바뀌었다. 뿌리 상처를 치유하면 누구나 마음먹기에 따라서 모든 것이 가능하다는 것을 배웠기 때문이다. 중요한 것은 어떻게 하면 마음을 먹을 수 있는가 하는 점이었다. 이것은 호랑이가 목적을 이뤄내는 방법을 그대로 사용하는데도 왜 개미는 성공하지 못하는지, 그 이유를 설명해주었다. 왜 다른 결과를 얻을까? 왜 똑같이 노력해도 잘 안 될까? 개미는 그저 호랑이보다 부족했기 때문에 노력해봤자 소용없는 것일까? 아니다. 노력해도 잘 안 되는 건, 그들이 다르게 태어났다는 단순한 이유 때문이 아니었다.

누군가의 노력이 제자리걸음이라면, 그건 뿌리의 병을 방치했기 때문이다. 상처를 치유하지 않으면 내가 바라보는 나의 과거가 어두운 색깔이 되고, 무의식 세계에서 이 정도밖에 못 할 것이라며 스스로 자신의 한계를 정한다. 그러면 우린 새로운 상황에 열린 자세로 온전히 집중하지 못한다. 나도 모르게 나의 과거가 정한 한계만큼의 결과를 얻는 것이다. 노력했지만 실패를 거듭하면서 과거의 상처가 새로운 상처를 재생산하는 것이다. 반복되는 실패에 개미는 더 나아갈 용기를 잃게 된다. 과거의 뿌리 상처가 아무리 좋은 방법을 사용해도 목적을 이룰 수 없게 방해하는 것이다. 이것이 개미의 인생에서 목적과 방법 사이에 공백이 존재하는 이유이다.

우리의 치유 과정에서 내가 배운 건 이것이 전부가 아니었다. 더 놀라운 것은, 단순히 뿌리 상처가 많거나 정도가 깊지 않아도 내가 나의 과거를 어두운 색깔로 기억하면 마치 '뿌리 상처가 심각한 사람'처럼 살게 된다는 사실이다. 목적과 방법 사이의 공백은 양적 차이에서만 기인하는 것이 아니었다. 아홉 번을 실패한 사람이 한 번의 성공에 의미를 두고 살면, 아홉 번을 성공하고 한 번을 실패했어도 괴로워하는 사람보다 더 쉽게 목적지에 도달했다. 단 한 번의 작은 상처라도 자신에게 어떠한 의미가 있는가에 따라 결과는 바뀐다. 왜 그럴까? 그 작은 상처가 어쩌다가 그들의 인생을 휘청이게 하는 큰 사건이 되었을까? 떨어지는 물 한 방울로 컵의 물이 와락 넘쳤다면, 여기서 우린 마지막 물 한 방울 자체에 집중할 게 아니다. 이건 그 직전까지 컵을 찰랑찰랑하게 채운 수많은 물방울의 문제이다. 남들에겐 별일 아닌 작은 상처가 우리의 인생을 흔든다면, 그것은 우리의 더 깊은 뿌리에 그 작은 상처와 관련된 아픔이 꽉 차 있기 때문이다.

그렇다면 우리의 더 깊은 곳은 어디일까? 그건 바로 삶이 시작된 우리의 어린 시절이다. 결국 인생에서 마주하는 수많은 상처의 뿌리는 우리의 어린 시절에 있다. 어린 시절의 내가 주 양육자(부모)와의 관계에서 얼마나 많은 사랑 또는 상처를 내면에 쌓았는가에 따라 이후에 발생하는 사건의 의미와 깊이가 결정된다. 나는 사람들의 뿌리 상처를 탐구하기 시작했고, 우리들의 뿌리 상처엔 공통점이 있다는 것을 발견했다. 부모의 물리적 학대나 좋지 않은 경제적 여건과 같은 극단적인 상황이 아닌, 부모와 자녀가 서로의 사랑을 기초로 한 평범한 관계 안에서도 상처가 생긴다는 것을 알 수 있었다. 이것은 자녀를 양육하는 부모가 자신의 고유한 특성에 대해 잘 모르거나, 그들 역시 그들의 부모로부터 받은 상처에서 자유롭지 못할 때 도드라졌다. 게다가 부모와 자식의 사주 관계인 '궁합'이 좋지 않을 땐 희한하게도 상황이 꼬이면서, 나의 사랑으로 출발한 것이 상대에겐 상처가 돼서 도착하기도 했다.

그렇다면 부모 자식의 관계에서 상처를 줄일 수 있는 방법은 없을까? 다양한 뿌리 상처의 사례를 탐구한 결과, 상처의 양과 질을 결정하는 가장 중요한 것은 부모 안에 어떤 뿌리 상처가 존재하는가였다. 다시 말해 내 상처들의 뿌리는 어린 시절에 있고, 어릴 때 생긴 그 상처의 뿌리는 부모에게 있었다. 그리고 부모가 사랑하는 자녀에게 상처를 준 원인은 그들 안에 존재하는 또 다른 뿌리 상처였으며, 부모의 뿌리 상처는 다시 그들의 부모에게서 온 것이었다. 바로 뿌리 상처의 대물림이었다. 실제로 나를 치유하는 과정의 핵심은 뿌리 상처에 접근하는 것이었고, 그 안에서 핵심 신념을 발견하려면 왜 부모가 내게 그런 상처를 주었는가를 밝히는 과정이 반드시 필요했다. 이때 중요한 것은 부모를 머리로 이해하는 것이 아니라 가슴으로 품는 것이다. 쉽지 않은 일이다. 그러나 내려다보기를 통해 우리가 부모의 삶과 연결될 수 있다면, 내 부모 또한 상처받은 어린아이였을 뿐이란 걸 깨닫게 된다. 그러면 내 눈을 가리던 안개 같은 비합리적 신념들을 정리할 수 있고, 동시에 뿌리 상처에 얽혀 있던 감정과 정보로써의 기억을 분리할 수 있다. 그것이야말로 내 과거와 진정으로 화해하는 순간이다. 이것은 어른이 된 내가 상처받은 어린 시절의 나를 사랑으로 재양육하는 과정이었다. 그리고 이것은 곧 선배와 내가 걸어온 치유의 여정이었다.

당신의 인생에도 고민이 있을 것이다. 간절히 바뀌었으면 하는 대상이 자식일 수도 있고, 배우자나 동료 혹은 자기 자신일 수도 있다. 당신은 문제를 해결하기 위해 무엇을 할 수 있는가? 이때 우리는 어떤 '방법'을 써야 할지를 고민한다. 그러나 이건 방법의 문제가 아니다. 이미 우리는 훌륭한 방법을 충분히 알고 있다. 문제는 우리가 그 훌륭한 방법을 잘 사용할 수 있도록 혼란스러운 자기 마음을 추스를 수 있는가이다. 건강을 돌보는 것도, 일에 성공하는 것도, 행복해지고 깨달음을 얻는 것도, 모두 내가 마음을 먹어야 올바른 방향으로 시작할 수 있다.

그렇다면 어떻게 해야 마음을 먹을 수 있을까? 인간의 모든 상처는 본래 사랑받고 인정받고 싶었지만 그럴 수 없었던 과거에서 비롯된다. 그러므로 마음을 먹기 위해 정말 필요한 것은 사랑과 인정이다. 상처에 또 생채기를 내는 질책이 아니다. 그래서 우리에게 필요한 말은 "정신 좀 차려!"가 아니라, "그동안 잘해왔어요"

이다. 상처뿐인 자신의 과거를 부정해서는 나아지는 게 없기 때문이다. 자신과 화해하고 상처뿐인 과거를 다르게 바라보기 시작해야 오늘과 내일을 살 수 있는 에너지를 얻을 수 있다. 훌륭한 방법을 제대로 사용할 수 있는 마음을 드디어 먹을 수 있다.

주변에서 해줄 수 있는 것은 사랑의 눈빛으로 '들어주는 일' 뿐일지도 모르겠다. 그 어떤 훌륭한 조언도 당사자가 스스로 펼쳐야 실현할 수 있기 때문이다. 누구나 이미 자기 안에 답을 가지고 있다. 자기 인생을 자신보다 더 잘 아는 사람은 없다.

'나는 원래 이것이 부족하니까'라는 생각으로 자신을 한정짓지 않는 것만으로도, 우린 누구나 내면의 모든 것을 가능케 하는 문을 열 수 있다. 모든 사람의 내면엔 모든 것을 가능케 하는 문이 존재한다. 그리고 이 깨달음은 내 인생을 완전히 바꾸었다. 이제 나는 상담을 할 때도 먼저 사주를 보는 대신 내 안을 사랑으로 가득 채운다. 상대방의 그 어떤 한계도 정하지 않는다. 사자의 무리가 아무 말도 하지 않았지만 공기로 서로를 느끼고 함께 사냥하듯이, 의식적 사고를 잠시 내려놓고 상대방과 마음으로 연결되고자 노력하면 완전히 다른 결과를 얻을 수 있다. 절박한 상황에서 끙끙 앓던 내담자는 어느새 마음의 문을 열며 자신을 툭 내려놓았고, 더 빠르게 내담자의 인생 깊은 곳, 근본적인 문제로 접근할 수 있었다. 뿌리 상처에 대한 탐구를 계속해야겠지만, 선배와 함께한 치유의 과정과 방법은 그 누구의 삶에 적용해도 그들 스스로 자기 자신을 치유할 수 있다고 생각한다. 그래서 난 글을 쓰기 시작했다. 읽으면서 상처를 치유하는 글. 선배와 내가 함께 걸어온 뿌리 상처의 치유 과정을 책으로 만들면 어떨까 생각했다.

선배를 만난 그때처럼 추운 새해의 어느 날, 나는 서재에서 뿌리 상처에 관한 글을 쓰다 선배의 뿌리를 마주하며 눈물 흘리던 때를 회상했다. 그때 휴대폰이 울렸다. 선배였다. 우리 집 앞을 지나는 중이라고 했다. 나는 반가운 마음에 선배를 만나기로 한 장소로 한달음에 달려갔다.

"어머, 리온아. 오랜만이다! 반갑다, 반가워!"

카페에 앉아 뒤돌아보는 선배를 보고 난 몇 초간 굳어 있었다. 이상했다. 나는 또 그녀의 얼굴을 단번에 알아보지 못했다. 나는 선배가 뿜어내는 에너지에 매료되어 커피를 주문하는 것도 잊은 채 자리에 그대로 앉아버렸다. 그녀의 눈빛은 아름답게 빛나고 있었다.

"정말 반가워. 그동안 잘 지냈어? 우리 만난 게 벌써 작년 이맘때구나."

"선배, 못 알아보겠어요. 얼굴에서 빛이 나네요. 반짝반짝 빛이 나요."

"어머, 얘는. 좋게 봐주니 고맙다. 그동안 많은 일이 있었어. 너를 만나서 내 상처를 치유하지 못했다면 나 많이 힘들었을 거야."

선배는 로펌이 위치한 상가를 담보로 무리하게 대출을 받은 탓에 금리 인상의 영향을 크게 받았고, 막 개업한 로펌 운영도 여의치 않아 많은 것을 정리했다고 했다.

"그때 너와 이야기하고 나서 우리 오빠 만나러 갔잖아. 오빠와 많은 이야기를 나눴어. 힘들었던 부분을 법적으로 잘 정리하면서 상담도 열심히 다녔어. 우연히 나라에서 무료로 상담해주는 곳을 알게 되었거든. 내가 매주 운전해서 오빠를 데려다줬다니까. 한 주도 빠지지 않고 다녔어."

"두 분이 대단한 일을 해내셨네요. 그렇게 막막한 상황에서 티도 나지 않는 작은 일부터 하나씩 해나가는 게 쉬운 일이 아니었을 텐데요. 선배가 정말 자랑스러워요."

"고마워 리온아. 덕분에 오빠가 얼마나 좋아졌는지 몰라. 엄마는 아직 오빠만 챙기지만, 이제 그런 엄마가 귀엽게 느껴져. 우리 오빠 이제 마음잡고 택배 일 하잖아. 온종일 짐 나르고, 운전하면서 전화 받고 하는 것 보면 안쓰러운데, 본인은 오랜만에 살아 있는 것 같고 행복하대. 한 가지 일에 몰두하는 오빠를 보는 것만으로도 나도 치유가 되더라고."

나는 선배 오빠의 운명을 들여다보았다. 그는 역마살(늘 분주하게 이리저리 돌아다니는 운)이 자신의 깨지는 재물복을 살려주는 사주였다. 특히 작년과 올해, 뜨는 세운이 자신과 교육업이 부딪히는데沖, 역마살이 중간에서 이를 이어주는合 모양새였다. 참으로 놀라웠다. 그는 자신의 사주를 알지 못하지만, 자기 내면을 치유하면서 자신에게 맞는 길을 스스로 찾아간 것이다.

"내가 대표이사라는 명함이 갖고 싶었나 봐. 사업할 준비가 덜 되었는데 무리하게 진행했지. 그걸 인정하고 나니까 내가 뭐부터 해야 하는지 보이더라고. 상가를 헐값에 넘기고 집이랑 사무실도 감당이 되는 수준으로 이사했어. 그렇게 돈을 마련해서 은행 대출도 갚고. 아직 다 갚지는 못했지만 실수를 하나씩 정리하니까 그래도 나아갈 길이 보이더라. 이만하길 얼마나 다행이야. 요 몇 년 사이 어려워진 사람도 많았잖아."

"우리 어릴 때 선배가 변호사 되자마자 로펌 대표가 되고 싶다고 했었잖아요. 자신이 정말 갖고 싶고 하고 싶었던 일을 내려놓는 게 쉽지 않았을 텐데, 현명하게 잘 처리하셨네요. 참 고생하셨어요."

"고생은 무슨, 돈 문제는 심적으론 덜 힘들지. 제일 힘들었던 건 한 식구가 된 직원 두 명을 해고해야 하는 일이었어. 그런데 있잖아, 그것도 잘 풀렸다? 내가 네 말대로 매일 아침 산책 명상을 했거든. 편안한 마음으로 혼자 산책을 하면서 내 에너지가 많이 바뀐 것 같아. 떠오르는 해님을 보면서 기도를 하곤 했어. 내가 담담하게 어려움을 마주할 수 있는 용기와 지혜를 달라고."

가슴이 뭉클했다. 선배는 우리가 함께했던 많은 순간을 소중히 가슴에 담고 있었다. 그녀에게서 빛이 나는 건 괜한 나의 착각이 아니었다.

"그리고 무고한 직원들을 해고해야 하니, 그들이 더 좋은 곳으로 이직했으면 좋겠다고 생각했지. 그런데 일주일 후에 우연히 마주친 부장판사님이 변호사 개업을 하신다는 거야. 우리 직원 둘이 추천서를 가지고 가서 면접을 봤는데, 감사하게도 그 사무실에서 둘 다 일하게 되었어. 월급도 더 받고, 그 판사님이 참 좋은 분이시거든. 얼마나 감사한지 눈물이 나더라!"

선배의 청명한 목소리가 활짝 웃는 그녀의 얼굴과 참으로 잘 어울렸다. 예전과 달리 그녀의 목소리엔 힘이 담겨 있었다. 우리는 차를 마신 후 자리에서 일어났다. 그때 카운터 직원이 말했다.

"소원 쿠키 하나씩 가져가세요. 새해맞이 행사 중이에요."

나는 재미 삼아 쿠키 하나를 집었다. 그런데 선배는 이렇게 말했다.

"난 소원이 없는데? 제 쿠키 다른 고객 드리세요. 저는 괜찮아요."

1년 만에 선배가 많이 변했다는 생각이 들었다. 소원이 없다니. 대출을 빨리 다 갚게 해달라거나, 가족의 건강을 바라는 소원도 없는 걸까?

"소원이 없다고요? 아아! 딱 지금처럼만 지냈으면 좋겠어요?"

"글쎄. 지금도 정말 행복하긴 한데, 지금과 같지 않아도 난 괜찮아. 왜냐하면 나쁜 일도 마음먹기에 따라서 언제라도 새롭고 좋은 길로 연결될 수 있다는 걸 알았거든. 옛날엔 20년 전으로 돌아갔으면 좋겠다는 생각도 많이 했는데, 지금은 그렇지 않아. 지나간 모든 것이 다 소중해. 리온아, 내 마음이 사건을 창조하더라고. 그래서 난 진짜 소원이 없어."

가벼운 인사를 나눈 뒤 선배는 자리를 떠났다. 나의 가슴 깊은 곳에서 전율이 느껴졌다. 선배는 힘들었던 순간들까지 사랑하고 있었다. 그녀는 자신의 모든 가능성을 진심으로 발견했다. 이날 밤 나는 가슴이 벅차 늦게까지 잠을 이루지 못했다. 나는 침대에서 일어나 〈건강한 경계〉라는 제목으로 글을 쓰기 시작했다. 그리고 새벽에 이런 꿈을 꾸었다.

수학여행 날. 나는 교복을 입은 학생이었다. 처음 보는 야외는 낯선 친구들로 북적였다. 낯섦도 잠시, 나는 친근하게 친구들과 몰려다녔다. 모둠별 여행 미션을 하는 과정에서 한 친구가 말도 안 되게 웃기는 행동을 했다. 우린 다 같이 웃으면서 너도 나도 우스운 포즈로 사진을 찍고, 다시 웃었다. 나는 이 모둠, 저 모둠에 번갈아 참여하면서 여러 친구와 함께 놀았다. 함께 배꼽이 빠지도록 웃었다. 웃느라 배가 아팠다. 공간 전체가 친구들과 나의 웃음으로 가득 차는 느낌. 즐거웠다. 참 즐거웠다.

꿈에서 깼다. 눈을 떴는데도 여전히 웃음이 났다.

'아! 꿈속에서 나는 고등학생으로 돌아갔구나. 친구들과 맘껏 떠들고 웃으며 행복한 시간을 보냈어. 25년 만에 내가 나의 무의식 깊은 곳에 있던 그 시절의 아픈 나와 화해하다니! 함께 아팠던 과거 그 친구들도 부디 모두 건강하고 행복하길! 참 감사하다. 감사한 일이야!'

그동안 나는 어린 시절의 아픔이 이젠 괜찮다고 생각했다. 그러나 그건 머리로만 했던 화해였나 보다. 이제야 나는 깊은 가슴에서 진정으로 내 과거와 화해했다. 모두 선배 덕분이다. 선배에게서 넘쳐흐르는 긍정 에너지가 나의 내면 무의식까지 닿은 게 분명했다.

선배를 돕기 위해 시작한 대화가 나를 치유하고 나의 운명을 바꾸었다. 사랑하는 이에게 받은 상처는 사라지기는커녕 시간이 흐를수록 더 강하게 굳어져 세상과 나 사이의 벽으로 남는다. 우리는 지금이라도 그 벽을 허물어야 한다. 그래야 상처의 뿌리에 접근할 수 있다. 그리고 그것을 허물 수 있는 방법은 오직 사랑뿐이다.

건강한 경계

나는 세상을 얼마나 경계하고 있나?

나의 상처는 얼마나 깊고 오래되었는가?

나는 다시는 상처받지 않기 위해 얼마나 두꺼운 경계를 세워, 그 안에 나를 가두었는가?

사랑하는 이가 상처받을까 두렵고, 내가 아무것도 할 수 없을까 봐 두렵고, 실패해서 낙오될까 두려운 나는, 위험한 것들로부터 무언가를 지키기 위해 두꺼운 벽으로 경계를 세운다.

아무것도 할 수 없을 정도로 지친 나는 어두운 방에 숨는다. 나의 마음을 내주었다가 상처받을까 봐 성큼 다가오는 너를 밀쳐낸다. 너에게 상처받기 싫어서 나는 싸우고 투쟁한다. 거절당할까 두려워 내가 아닌 모습으로 나를 너에게 구겨 넣고 끌려다닌다. 내 안 깊숙이 존재하는 두려움을 외면하고 싶어서 매일 새로운 것, 스릴 넘치는 것, 화려한 것, 재미있는 것을 추구하며 그 자체가 나의 전부라고 나 자신을 속인다.

나는 부족한 것 같다.

나는 아플까 봐 두렵다.

나는 네가 부럽다.

나는 인정받고 싶다.

나는 사랑받고 싶다.

결국 나는 사랑받고 싶었다. 하지만 상처받고 싶지 않은 나는 다채로움이 가득한 세상으로부터 안전하기 위해 스스로를 분리한다. 두꺼운 벽에 둘러싸인 채, 그 좁고 답답한 곳에서 그 무엇과도 연결되지 못한 채 외로운 삶을 산다.

그러나 세상은 변하고 파도치고 있다. 유연하지도 다양하지도 않은 나의 딱딱한 벽은 세상이라는 파도를 만나 갈라지고 부서진다. 세상은 거대한 힘을 실은 높은 파도로 나의 벽을 때린다. 그러면 나는 살기 위해 더 두꺼운 벽을 세운다. 다시 세상은 거대한 힘을 실은 높은 파도로 일렁인다. 파도는 나의 벽을 때린다. 나의 처절한 노력에도 불구하고 갈라진 벽의 틈 사이로 감추고 싶었던 나의 연약한 속살이 보인다.

나는 숨고 싸우는 데 지쳤다.

실패한 나는 사랑받을 자격이 없는 사람인가?

계속된 세상의 파도 앞에서 나는 좌절하기에 이른다. 높은 파도를 탓하며 그 자리에 주저앉아 울거나, 현실을 잊을 수 있는 세상으로 도피한다. 나는 나 자신을 포기한다.

나는 알지 못한다. 애초에 벽이 필요 없었다는 걸. 나의 상처를 인정하고 감싸 안으면 더 이상 숨지 않아도 된다는 걸 알지 못한다.

그러던 어느 날, 나는 두려움을 잠시 내려놓고 호기심 가득한 눈으로 벽 너머 세상을 본다. 감추고 숨겨서 빛도 보지 못한 속살을 그대로 드러내도 여전히 안전하다는 것을 알게 되는 순간, 벽은 필요 없다는 것을 느낀다. 이미 나 자신은 모든 것을 갖춘 완전한 경계라는 걸 깨닫는다. 그리고 나 자체가 건강하고 유연한 경계가 된다.

높은 파도여도 괜찮다. 내가 높아지면 된다.

할퀴듯 내리치는 파도가 오면 나는 납작 엎드리면 된다. 나는 살아 숨 쉬는 동물처럼 나 자신을 웅크렸다가, 다시 넓게 폈다가 높이 뛰어오르기도 하며 움직이는 파도와 함께 즐겁게 춤춘다.

움직이는 파도에 걸맞은 '나'를 매 순간 창조한다. 파도와 교감하며 다치고, 배우고, 다시 일어서고, 도와주고, 나아가기를 반복한다.

내 안에 창조의 힘이 쌓이고 모이는 때에, 나는 깨달음의 번개를 온몸으로 맞는다.

'파도에 맞설 필요 없이 그저 내가 파도 위에 올라타면 되는구나!'

높은 파도에 올라탄 나는 비로소 나 자신도, 파도도 지배할 수 있게 된다. 이제 나는 이 세상의 주인공이다. 내가 파도 위에 올라타면 된다. 그리고 나는 나 자신과 세상에 대한 믿음을 회복한다.

나는 이제 조급하지 않다. 나와 세상 사이에 존재하는 적당한 거리와 시간을 존중할 수 있다. 동시에 언제든지 세상과 하나가 될 수 있는 열정과 순수함이 살아난다. 내 어깨를 누르던 무거운 벽 아래 숨어 있던 우리는, 벽의 경계를 허무는 순간 나 자신과 세상의 주인이 되고, 거침없는 나로 다시 태어난다.

그렇게 진짜 나로 살게 되면서, 그동안 내가 만든 무거운 벽에 짓눌려 결코 연결되지 못했던 사랑하는 사람들을 보기 시작한다. 한순간도 빠짐없이 사랑했지만 정작 단 한 번도 연결되지 못했던 나의 사람들. 내가 흘리는 눈물과 내 혀가 내리치는 칼 때문에 내게 다가올 수 없었던 그들이 내 옆에 덩그러니 남겨진 것을 이제야 알게 된다.

이제 나는 자연스레 사랑하는 이들에게 다가가고, 내가 원하는 사랑이 아닌 그들이 원하는 사랑을 준다. 그리고 드디어 나는 그들로부터 내가 원하는 사랑을 받는다.

높은 파도 위에서 이토록 넓고 멋진 세상을 바라보는 짜릿함에 살아 있음을 느낀다. 나는 빠른 파도를 타고 세상 끝까지 갈 수 있다. 그리고 모든 것과 고스란히 연결되며 진정한 사랑을 나눈다.

내가 누구인지를 잊고 사는 지금의 내가 나를 위해서 할 수 있는 건, 나를 안전하게 보호할 벽을 세우는 일이 아니다. 나는 세상이 필요로 하는 누군가가 될 필요가 없다.

상처가 있는 나 자신을 용서할 수 있는 사랑과 당당하게 파도를 마주할 수 있는 용기를 되찾아, 나는 나 자신이 되면 된다. 내가 누구인지 알고 있는, 살아 숨 쉬는 진짜 내가 되면 된다. 그렇게 누구나 세상과 끊어지지 않고 모든 것과 연결되어 그 어떤 변화에도 함께 움직일 수 있는 순환 고리를 만들 수 있다.

건강한 경계의 나는, 너에게 나의 이야기를 나의 목소리로 말할 수 있다. 너의 이야기를 있는 그대로 들을 수 있다. 너를 놓칠까 봐 나를 억지로 구겨 넣으며 끌려 다니지 않을 수 있고, 내가 상처받을까 봐 애써 강한 척 너를 밀쳐내지 않을 수 있다.

세상과 단절된 벽은 결국 사랑받고 싶었던 내가 세운 것이 아닌가? 이제 그만 나를 에워싼 무거운 벽을 허물고, 실패와 상처가 두려워서 숨거나 싸우던 나를 놓아주자. 나 자신을 용서하고 사랑하기를 선택해 나 자신을 되찾자.

소중하게 숨 쉬고 있는 나의 생명은 그 자체로 모든 것이 가능한 완전체였다. 나 자신이 건강한 경계 그 자체가 되어, 세상이라는 높은 파도에 올라타자. 그러면 그 어떤 것도 가능한 문이 보인다. 이제 그 문을 열고 무한한 나의 세계의 주인이 되자.

에필로그

1년간 나는 행복이라는 목적과 방법 사이에 존재하는 공백에 관해 고민했다. 어떻게 하면 상담 후 다시 제자리로 돌아가는 내담자들과 어려움을 겪는 선배가 조건 없는 행복을 느낄 수 있을까? 나는 10년 동안 내가 걸어온 행복 찾기의 여정을 거꾸로 되짚어보았다. 그 누구에게도 이야기하지 않은 나의 상처를 마주하고 기억해내는 과정은 쉽지 않았다. 죽을 것같이 힘들었던 그때, 보이지 않는 곳에 묻어둔 많은 상처가 의식의 수면 위로 떠올랐다.

결국 나는 내가 걸어온 과정을 온전히 기억해내기 위해 적극적으로 나를 치유 환경에 몰입시켰다. 휴대폰을 멀리하고 매일 일정한 시간에 산책과 운동을 하면서 나의 몸 상태를 아침저녁으로 확인했다. 일상에서 느끼는 작은 불편과 감정들을 놓치지 않고 살피며 기록했다. 선배에게 실질적으로 도움이 되는 글을 쓰기 위해 나의 내면을 들여다보며 기억을 연결 짓고 분류한 후 정리하는 과정을 거쳤다. 나 자신을 사랑하기를 포기하지 않으면서 내 상처를 끝까지 좇아갔다.

그런데 시간이 지날수록 선배를 위해 나를 되돌아보는 과정에서 오히려 나도 몰랐던 나의 뿌리 상처를 발견했다. 충분히 행복했음에도 내 깊은 곳에 숨어 있던 오래된 상처의 기억은 끊임없이 올라와 순환하던 나를 온통 끊어지게 만들었다. 나는 쉽게 잠들지 못했고, 불안한 꿈을 연속해 꾸었다. 몸이 무겁고 두통이 생기기 시작했다. 그동안 내가 하루 중 가장 많이 하는 말이 "고마워"였음에도 불구하고, 그 어떤 것도 고맙지 않았다. 마치 예전처럼 안개 속을 걷는 것 같았다.

비바람이 몰아치는 가을 어느 날, 나는 어김없이 우산을 쓰고 비에 젖은 언덕을 오르며 아침 산책을 하고 있었다. 언덕에 거의 다다랐을 즈음 난 내가 10년간 걸어온 긴 행복 찾기 여정의 처음, 그 시작점에 도달했다. 그곳엔 앞이 보이지 않는 컴컴한 터널 속에서 울고 있는 내가 있었다. 나는 어린아이를 등에 업은 채 가쁜 숨을 쉬고 있었다. 나는 내가 공황장애인 줄도 모르고 마냥 울었다. 아무리 숨을 쉬어도 부족한 호흡, 하루 중 몇 시간을 통째로 기억하지 못하는 기억상실증을 매일 앓던 어느 날, 베란다를 보며 '여기서 떨어지면 죽겠지'라고 생각하는 내가 보였다. 그런 상황에서도 나는 만신창이의 몸으로 주변을 돌보는 사람으로 살고 있었다. 도대체 무엇 때문이었을까. 나는 어느새 아무도 없는 언덕길의 꼭대기에 이르렀다.

"쉬익, 쉭. 툭! 쉬익."

우산에 무언가가 우수수 부딪치는 소리가 들렸다. 바닥에 떨어진 낙엽을 보며 걷던 나는 멈춰 서서 고개를 들어 앞을 보았다. 그런데 앞이 보이지 않았다. 갑자기 거세진 비바람에 양쪽 가로수의 낙엽이 비처럼 쏟아져 앞을 가렸다. 기이한 광경이었다. 그때 나는 내면의 목소리를 들었다.

'떨어지는 낙엽처럼 다 내려놓아.'

온 천지가 떨어지는 낙엽으로 가득한 그 길 가운데 서서 나는 생각했다. 나는 왜 소중한 '나'라는 존재를 망각한 채 남만 돌보며 산 걸까?

단순히 착한 사람 콤플렉스만 있는 것이 아니었다. 나는 사랑받고 싶은 욕구를 남을 돌보는 형태로 표현하면서 내면의 불안을 통제하고자 한 것이다. 나로 살아온 수십 년의 세월 동안 정작 나는 나 자신도, 그 누구도 진정으로 사랑하지 않았다. 다르게 행동할 수 있었고 다르게 생각할 수 있었던 내 인생에 '불행'이라는 가치를 덧칠해 바라보게 만든 건 사랑받지 못할까 봐, 상처받을까 봐 두려운 나의 내면 상처였다.

'나는 무엇이 두려웠던 거지? 왜 몸이 망가지도록 처절하게 남들만 돌보며 살았던 거지? 나는 어떤 신념을 지키려고 애쓴 거지?'

곧 바람이 잦아들었다. 쏟아지던 낙엽이 줄어들면서 다시 앞이 보이기 시작했다. 그러자 불현듯 나는 나의 뿌리로 들어갔다.

방 안에 혼자 앉아 있는 여섯 살의 어린 내가 보였다. 엄마는 외할머니에게 남편 사업이 망해 돈이 필요하다는 전화를 마치고, 처지를 하소연할 친구를 만나러 나갔다. 아빠는 화가 난 얼굴로 눈이 빨개지도록 연신 소주만 들이켜고 있었다. 연탄아궁이 근처 그을린 방바닥에 어린 동생과 둘이 앉아 벽에 걸린 십자가를 보며 나는 기도했다.

'제가 빨리 돈을 많이 벌어서 엄마, 아빠가 힘들지 않게 해주세요.'

부모님 몰래 아르바이트를 해서 처음으로 돈을 번 게 열네 살 때였다. 수능이 끝난 고3 겨울방학부터는 과외를 했다. 스무 살 이후론 부모님 도움 없이 등록금과 기숙사비를 마련하기 위해 일요일에도 아르바이트를 하며 살았다. 어느새 나는 여섯 살 때 기도한 소망대로 살고 있었다. 나는 단순히 집안이 어려워서 '내가 열심히 살면서 주변을 돌봐야 한다'는 신념을 갖게 되었을까?

그때 교복을 입고 엄마와 이야기하는 내가 보였다. 돈 걱정에 지친 엄마에게 어린 나는 용기를 내어 말했다.

"엄마, 아빠는 바뀌지 않아. 엄마가 외할머니 돈으로 아빠가 벌인 일을 자꾸 수습해주니까 아빠가 현실을 직시하지 못하잖아. 그 돈으로 차라리 우리 장사를 해보자."

어머니는 울음을 터뜨리며 말했다.

"나도 남들처럼 남편이 벌어다주는 돈으로 살고 싶단 말이야!"

나의 어린 시절 속엔 자기 세계에 빠져 돈이 되지 않는 사업을 벌이고 도망치기를 반복하는 아빠, 불안정한 형편에 늘 불안해하는 엄마가 있었다. 아빠는 실패라는 현실을 외면했고, 그럴수록 엄마는 친구들을 만나 현실에서 도피했다. 나는 엄마에게 우리의 현실을 직시하자고 말했지만, 엄마는 문제를 외면하는 방법을 선택했다. 나는 문제를 반복하며 살겠다고 선언하는 감정적인 엄마를 이해할 수 없었다. 어려움을 극복하고 싶다는 자식의 마음을 봐주기보다 자신의 두려움을 잊는 게 더 중요한 엄마의 선택은 어린 나에게 큰 충격을 주었다.

이때부터 나는 말해봐야 바뀌는 것이 없다는 생각을 하게 된 것 같다. 나는 어려움이 있을수록 연결되기를 포기하고 나 혼자 더 열심히 사는 방향을 택했다.

맞다. 이때부터 난 내 생각을 누군가에게 말하기를 두려워하기 시작했다. 고등학교 1학년 때는 친구들에게 내가 하지 않은 말을 했다는 의심을 받았다. 내가 사실을 말해도 친구들은 들으려 하지 않았다. 나의 결백을 분명하고 강력하게 이야기했어야 했지만, 나는 더 이상 말하기를 포기했다. 내가 말해도 바뀌는 것은 없을 거라 생각했다. 힘든 상황에 맞서기보다 외면하면서 시간이 지나가길 바랐다. 나는 심지어 내가 하지 않은 말을 했다고 거짓말을 꾸며낸 아이에게까지 나를 맞춰가며 지내기 시작했다. 그들만의 잘못은 아니었다. 나는 지나치게 나를 차단하고 친구들 사이에서 겉돌았다. 죽을 것 같아 다리가 떨릴 때면 쭈그리고 앉아 팔로 다리를 감싸고 머리를 무릎에 파묻곤 했다.

하지만 부모님이 내 아픔을 알면 속상할까 봐, 학교에서 있었던 일을 티 내지 않으려고 집에서는 친구들과 즐겁게 지낸 것처럼 웃으며 거짓말을 지어냈다. 그러던 고3 어느 날, 선생님의 연락을 받은 부모님은 내가 오랫동안 학교에서 교우 관계의 어려움을 겪었다는 것을 알게 되었다. 그러나 아버지는 아무 일 없는 듯이 행동했고, 어머니는 내가 아닌 친구분과 전화로 통화하며 자신의 속상함을 토로했다. 부모님은 내게 괜찮으냐는 한마디를 묻지 않았다. 부모님은 딸이 겪은 문제 역시 회피하는 쪽을 선택했다. 나는 상처받았다. 3년간 학교에서 힘들었던 시간보다 부모님이 나의 상처를 없던 일처럼 외면한 것이 더 괴로웠다.

부모님은 나를 세상 무엇보다 사랑했을 텐데, 내 고통이 아팠을 텐데 왜 나를 위로해주지 않았을까. 그때 떠올랐다. 어머니는 젖 먹일 시간도 없이 바쁜 외할머니의 돌봄을 받지 못했고, 나이 차가 많이 나는 오빠 부부의 집에 얹혀살면서 부모의 빈자리를 친구들로 채웠다는 것. 아버지는 열일곱 살 어린 나이에 시집와 시댁 어른들을 모시고 연달아 8남매를 낳은 할머니 대신 조부모 손에서 자랐다는 것. 예전부터 알고는 있었지만 의미 없이 흘려들었던 내 부모의 어린 시절이 새삼스레 다가왔다. 그들도 부모에 대한 사랑이 고팠을 뿐이었구나. 어려움을 직면할 마음의 힘이 부족했던 부모님은 그때마다 자신에게 가장 익숙한 방법(아버지는 새로운 일에 몰두하고 어머니는 친구들과 시간을 보내는 것)으로 문제 상황을 피하려 한 것이다. 부모님은 나를 사랑하지 않아서 내 상처를 외면했던 게 아니었다. 그들의 뿌리 상처가 이끄는 대로 익숙한 방법을 택했을 뿐이었다. 수십 년이 지나서야 난 내 부모를 이해할 수 있었다.

그러나 이를 알지 못했던 어린 나는 결국 상처로부터 나를 보호하고자 더욱 속 이야기를 감추는 쪽을 택했다. 그렇게 '힘든 문제일수록 이야기해봐야 소용없고 나 혼자 더 노력해야 안전할 수 있다'는 나의 비합리적 신념은 강화되었다. 나는 사람들과 웃기만 하는 피상적인 관계를 유지하며 상처에 대한 나의 불안을 남을 돕는 형태로 통제하고자 했다. 상대방의 무리한 요구에도 나를 구겨 넣어 맞추며 남을 돌보기만 하는 사람으로 살았다. 그리고 나의 이러한 문제는 결국 결혼생활에서 철저하게 곪았다.

이 모든 문제의 바탕에는 내 어릴 적 상처가 있었다. 그리고 이 상처를 보호하기 위해 나는 사람들의 불합리한 요구에 부응하며,

언젠가는 나의 노력을 인정해줄 것이라는 불가능한 사랑을 꿈꾸었다. 나의 결핍을 채우기 위해 불가능한 목표를 세우고, 성공을 향해 희생이라는 이름으로 나를 채찍질하며 나의 불안을 통제하고자 했다. 정말이지 나의 어릴 적 크고 작은 상처는 나도 모르게 내 인생의 모든 것을 흔들고 있었다.

나는 그저 또다시 상처받고 싶지 않았을 뿐이었다. 그래서 나를 보호하기 위해 벽을 쌓고, 상처받지 않으려고 누군가와 연결을 끊고 떨어져 있기를 선택하고, 어떻게든 손에 쥐려고 하고, 무엇을 통해서든 해결하려 노력하고, 잃지 않고 놓치지 않으려고 통제했다.

실수하고, 좌절하고, 의심하고, 질투하고, 외로워하고, 절망하고, 우울하고, 분노하고, 불안하고, 두려워하고…. 이 모든 것은 그저 또다시 상처받고 싶지 않아서 나 자신을 지키기 위한 나의 선택이었다. 바다에서 육지로 끌려 나온 물고기처럼 죽지 않고 계속 숨 쉬며 살고 싶어 팔딱거렸던 것이다. 상처받아 괴롭던 그 순간, 나는 나의 소중함을 세상에 알리고 있었다.

"나는 이렇게 괴롭다고! 나는 살고 싶다고, 나는 소중한 사람이라고!"

나는 이렇게 세상에 소리치고 있었다. 결국 내가 겪은 고통마저 생명의 소중함 때문에 벌어진 아름다운 일이었다. 그것은 내가 살아 있다는 증거, 내가 살고 싶다는 증거, 내가 소중하다는 증거였다.

부모의 뿌리 상처로부터 이어진 나의 가장 깊은 곳에 자리한 상처와 신념을 발견한 순간, 상처는 생명의 또 다른 의미로 다가왔다. 잊고만 싶었던 나의 과거가 소중하게 보였다.

'인간은 상처로 인해 고통받을 만큼 용감하구나. 우리의 의식은 미처 몰랐다 할지라도, 깊은 곳에 숨 쉬고 있는 생명은 나 자신이 얼마나 소중한 존재인지 한순간도 잊지 않았어. 비록 어릴 적 상처를 극복하지 못한 채 오늘도 그와 비슷한 상처를 재생산하고 있을지라도, 나는 바보 같을지언정 아름답구나.'

나를 찾는 여정의 끝에서 나는 우리들의 상처와 고통이 의미하는 용기와 아름다움을 깨달았다. 그 순간 우산을 잡고 있던 손의 힘이 풀렸다. 얼굴에 빗물이 닿기 시작했다. 난 우산을 바닥에 놓고 고개를 들어 비가 내리는 나의 하늘을 마주 보았다. 비를 맞으며 웃었다. 괴로웠던 날들이 한순간 바람결에 흩어지면서 긍정 에너지가 가슴 깊은 곳에서 솟아올랐다. 나는 하늘을 나는 것처럼 자유롭고, 아무것도 하지 않는 그 자체로도 무한히 행복했다. 나는 내리는 비를 가르며 언덕의 내리막을 뛰기 시작했다. 새가 된 것 같았다.

충만하게 터져 나오는 자유로움에 나도 모르게 소리를 질렀다. 웃음이 멈추질 않았다. 그 순간 나는 정말로 나의 하늘을 나는 새가 되었다. 나의 하늘은 손이 닿지 않는 저 높은 곳이 아니라, 처음부터 내 안에 숨 쉬고 있던 본래의 나 자신이었다.

'이제야 진짜 나를 찾았어. 선배와의 대화가 우리 두 사람의 운명을 바꾼 거야!'

우리의 대화는 흩어진 '나'의 조각들을 모으는 과정이었다. 우리는 함께 울퉁불퉁한 땅을 고르고 다져 다시 새로운 집을 지었다. 어디로든 갈 수 있고 무엇이든 될 수 있을 것만 같은, 나의 모든 가능성이 담긴 공간이었다. 나의 세계가 온전해지자 비로소 세상과 내가 하나로 연결되는 느낌이 들었다. 세상의 모든 에너지가 '나'라는 점으로 흡수되었다가 다시 온 세상으로 퍼지는 듯했다. 나는 허공에 대고 소리쳤다.

"감사합니다. 감사합니다!"

애초에 정해진 운명이란 건 없다. 우리의 삶은 당연한 것이 아니다. 우린 실패하지 않았다. 다만 상처받았을 뿐 애초에 실패한 삶이란 존재하지 않았다. 원래 그런 삶, 원래 그런 사람, 원래 그런 것은 없다. 오로지 나의 선택만이 있을 뿐이다.

우리는 누구도 부족한 사람이 아니다. 부족한 것은 단지 외부로부터의 사랑이었다. 어린 당신이 겪어야 했던 수많은 상처의 뿌리가 부모라면, 그것은 당신이 자신을 기꺼이 버리고 부모를 바라보았을 정도로 대단한 사랑을 했다는 증거다. 당신은 부족한 사랑을 받고서도 절대적 사랑을 줄 줄 알았던 소중한 사람이지, 원래 외롭고 아파도 되는 사람이 아니다. 당신의 부모 역시 그들의 부모에게 상처를 받았을 뿐, 당신을 사랑했을 것이다.

선배에게 부족했던 말들, 나와 선배를 치유한 그 사랑의 말들을 이제 당신에게도 전한다. 다가올 모든 날의 당신은 누굴 원망하지 않고도 스스로에게 이런 말을 건넬 수 있기를, 그래서 사랑으로 스스로를 치유하고 새로운 운명으로 나아가기를 온 마음으로 바란다.

"나는 너를 언제나 사랑했단다. 너는 소중한 아들이고 딸이야. 정말 잘했구나. 이렇게 열심히 하다니 수고했다. 넌 앞으로 네 인생을 살아. 넌 행복하게 잘 살 거야. 그동안 많이 애써줘서 정말 고맙다. 난 너를 세상 그 무엇보다 사랑한단다."

♦ 참고문헌 ●

이 책을 쓰는 데 양식이 된 문헌들을 감사의 마음을 담아 소개합니다.

공넘, 『육임이 보인다』, 관음출판사, 2008
권석만, 『현대 심리치료와 상담이론: 마음의 치유와 성장으로 가는 길』, 학지사, 2012
노자, 오강남 평역, 『도덕경』, 현암사, 2010
윤가현 외, 『심리학의 이해』, 학지사, 2019
아부희작, 정민현 옮김, 『천문역학 육임신과 길흉정단법』, 삼원문화사, 1998
지그문트 프로이트, 김인순 옮김, 『꿈의 해석』, 열린책들, 2020
지그문트 프로이트, 서석연 옮김, 『프로이트 정신분석학 입문』, 종합출판범우, 2017

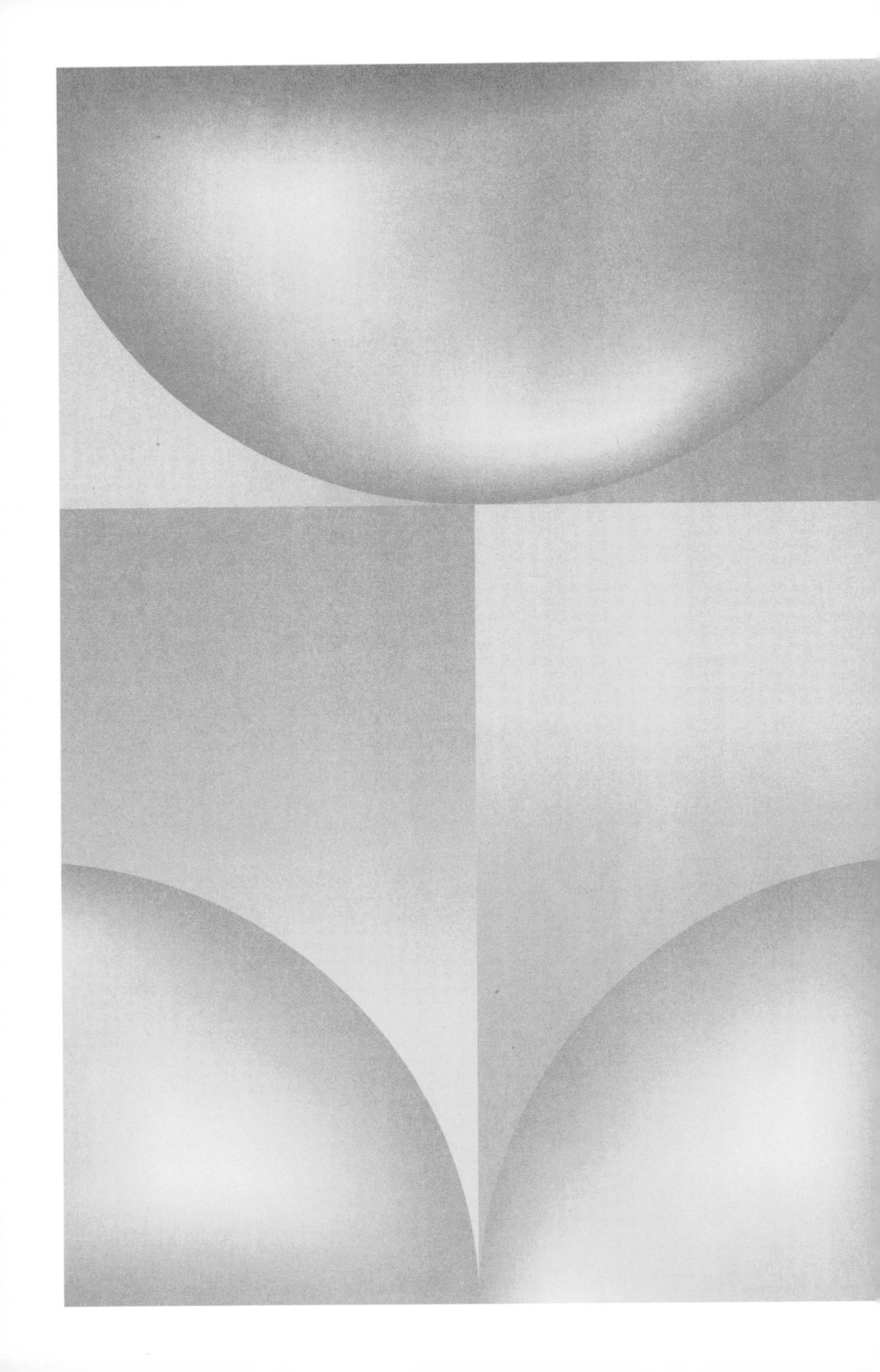